Ad Gentes

COLEÇÃO REVISITAR O CONCÍLIO

Ad Gentes: texto e comentário
Estêvão Raschietti

Apostolicam Actuositatem: texto e comentário
Antonio José de Almeida

Dei Verbum
Geraldo Lopes

Gaudium et Spes: texto e comentário
Geraldo Lopes

Inter Mirifica: texto e comentário
Joana T. Puntel

Lumen Gentium: texto e comentário
Geraldo Lopes

Perfectae Caritatis: texto e comentário
Cleto Caliman

Presbyterorum Ordinis: texto e comentário
Manoel Godoy

Revisitar o Concílio Vaticano II
Dom Demétrio Valentini

Sacrosanctum Concilium: texto e comentário
Alberto Beckhäuser

Unitatis Redintegratio, Dignitatis Humanae, Nostra Aetate: textos e comentários
Elias Wolff

ESTÊVÃO RASCHIETTI

Ad Gentes
Texto e comentário

Dados Internacionais de Catalogação na Publicação (CIP)
(Câmara Brasileira do Livro, SP, Brasil)

Raschietti, Estêvão
Ad Gentes : texto e comentários / Estêvão Raschietti. – São
Paulo : Paulinas, 2011. – (Coleção revisitar o Concílio)

Bibliografia
ISBN 978-85-356-2802-9

1. Concílio Vaticano (2. : 1962-1965) - História   2. Documentos
oficiais   3. Ecumenismo   4. Igreja Católica - História - Século 20
I. Título.   II. Série.

11-03296   CDD-262.52

Índice para catálogo sistemático:

1. Concílio Vaticano 2º : Documentos 262.52

1ª edição – 2011
2ª reimpressão – 2012

Direção-geral:
Bernadete Boff

Editores responsáveis:
Vera Ivanise Bombonatto
Antonio Francisco Lelo

Copidesque:
Anoar Jarbas Provenzi

Coordenação de revisão:
Marina Mendonça

Revisão:
Ruth Mitzuie Kluska

Assistente de arte:
Sandra Braga

Gerente de produção:
Felício Calegaro Neto

Projeto gráfico e capa:
Telma Custódio

Nenhuma parte desta obra poderá ser reproduzida ou transmitida
por qualquer forma e/ou quaisquer meios (eletrônico ou mecânico,
incluindo fotocópia e gravação) ou arquivada em qualquer sistema ou
banco de dados sem permissão escrita da Editora. Direitos reservados.

Paulinas
Rua Dona Inácia Uchoa, 62
04110-020 – São Paulo – SP (Brasil)
Tel.: (11) 2125-3500
http://www.paulinas.org.br – editora@paulinas.com.br
Telemarketing e SAC: 0800-7010081
© Pia Sociedade Filhas de São Paulo – São Paulo, 2011

Introdução

Ad Gentes (AG) é o título do decreto sobre a atividade missionária da Igreja do Concílio Ecumênico Vaticano II. Como todos os outros documentos do Concílio, esse título é tirado das primeiríssimas palavras do texto oficial em latim, neste caso: *Ad gentes Divinitus missa* ["Enviada por Deus às nações"]. O sujeito é a Igreja, que é enviada "obedecendo à ordem do seu fundador" e "em virtude das exigências profundas de sua própria catolicidade" (*AG* 1). *Ad Gentes* é o predicado, e significa "às nações", "aos povos", entendendo por "povos", especificamente, as populações e os grupos humanos ainda não alcançados pelo testemunho de uma comunidade cristã e pelo anúncio do Evangelho.

1
A missão aos povos no Vaticano II

A expressão *ad gentes* é repleta de significados. De um lado, expressa o mandato explícito de Jesus de anunciar a Boa-Nova a toda humanidade (cf. Mc 16,15) e a vontade de Deus de "salvar todos os seres humanos" (1Tm 2,4). Por outro, descreve, com certa ambiguidade, a epopeia histórica dessa *missão* a todos os povos. Com efeito, o conceito está impregnado de uma forte visão discriminatória e etnocêntrica. Em latim existem duas palavras para dizer "povos": *populi* e *gentes*. A primeira é referida, de alguma forma, ao "povo eleito": *populus Romanus victor dominusque omnium gentium* — "o povo romano vitorioso e senhor de todas as nações", declarou o filósofo Cícero. A segunda é dirigida aos povos bárbaros e *pagãos*, termo que também vem do latim *pagani*, que significa "rudes", "toscos", "camponeses", "atrasados". A partir desses pressupostos linguísticos e culturais, a missão cristã aos diferentes povos foi muitas vezes marcada por um trágico senso de superioridade, pela negação do outro e pela sangrenta expansão colonial, pois os destinatários da missão não eram "todos" os povos, mas apenas os povos considerados selvagens (que vivem na selva, no mato).

1.1. A missão aos povos e o colonialismo

Pelo menos desde Carlos Magno (†814) o anúncio do Evangelho a esses povos concretizou-se com agressões militares que arrasavam e impunham com a espada novas leis, novos reis e novos deuses. No século XVI, com a experiência fundante do "Novo Mundo", mais uma vez, a missão cristã foi cúmplice e parceira estratégica de uma aventura de desencontro, de opressão e de domínio em relação às *gentes*. A própria palavra "missão", enquanto termo técnico de uma atividade específica de difusão da fé entre os não cristãos, surgiu nesta época de expansão e de conquista do Ocidente cristão, a partir da descoberta da América,[1] graças aos jesuítas,[2] para caracterizar a evangelização entre os *pagani*, contemporaneamente e conjuntamente aos projetos coloniais espanhóis e portugueses. Ela não consta nas Escrituras, nem nos Santos Padres, e é aplicada apenas na doutrina tomista da Trindade a respeito do *envio* do Filho e do Espírito Santo.[3] Portanto, o termo "missão", assim como estamos acostumados a utilizá-lo, pressupõe o contexto de colonização ocidental dos territórios ultramarinos e a submissão de seus habitantes.

---

[1] Cf. DIANICH, Severino. *Chiesa in missione*; per un'ecclesiologia dinamica. Cinisello Balsamo: Paoline, 1985. p. 18.

[2] Os jesuítas tinham o famoso "voto *circa missiones*", que era um voto de obediência ao Sumo Pontífice de ir a todo lugar aonde ele gostaria que fossem: "Sem nenhuma tergiversação nem desculpa, nos tenhamos por obrigados a cumprir, sem delongas, e na medida de nossas forças, quanto nos ordenar o atual Romano Pontífice e os que pelo tempo adiante lhe sucederem, para proveito das almas e propagação da fé, sejam quais forem as províncias a que nos enviar, quer nos mande para os turcos, quer para as terras de outros infiéis, ainda para as partes que chamam da Índia, como também para os países de hereges ou cismáticos ou quaisquer nações de fiéis" (LEITE, S. *História da Companhia de Jesus no Brasil*. São Paulo: Loyola, 2005. v. 1, p. 7).

[3] Cf. BOSCH, David J. *Missão transformadora*; mudança de paradigma na teologia da missão. São Leopoldo, RS: Sinodal, 2007. p. 17.

A missão está definitivamente encravada na experiência colonial. Os muitos exemplos de missionários que resistiram corajosamente às potências coloniais e às suas políticas, a partir de Antonio de Montesinos e Bartolomé de las Casas,[4] ainda na primeira metade do século XVI, não mudaram significativamente o quadro geral.

Em tempos mais recentes, no século XIX, o reaparecer do tema da missão na ação e na reflexão das Igrejas cristãs está, mais uma vez, explicitamente ligado a um progressivo expansionismo dos estados-nação emergentes.[5] No entanto, o que é mais importante observar é o ingresso de um elemento inédito: nas épocas anteriores o fator que mais motivava a missão cristã era, essencialmente, *religioso* (salvar as almas); agora, avança progressivamente uma ênfase *sociocultural*, muito mais preocupada com a *civilização* das *gentes*. Os "civilizados" não se sentem apenas superiores aos "não civilizados", mas também responsáveis por eles, ao ponto de saber o que é bom para os outros e impô-lo aos demais.[6] São agentes do progresso e do desenvolvimento, de um Reino dos Céus que avança na história por meio de empreendimentos humanos, carregados de um forte espírito voluntarista.

A partir da metade do século XX, essa herança histórica e os consequentes questionamentos sobre a real validade e fundamento da missão causaram dentro e fora da

---

[4] Cf. SUESS, Paulo. *Introdução à teologia da missão*. Petrópolis: Vozes, 2007. p. 103.

[5] O caso dos Estados Unidos é singular e bastante próximo. Quanto mais esta nação conquistava um protagonismo no cenário mundial, tanto mais a obra missionária além-mar das Igrejas americanas adquiria expressões sempre maiores: desde os números inexpressivos antes de 1880, chegou a 2.716 missionários em 1890, 4.159 em 1900, 7.219 em 1910 e mais de 9.000 em 1915 (cf. BOSCH, *Missão transformadora*, pp. 365-366).

[6] Cf. ibid., p. 378.

Igreja um profundo mal-estar. A colonização do mundo por parte do Ocidente forneceu, de fato, o contexto para o surgimento da missão moderna. Por esse motivo, antropólogos reunidos em Barbados, em 1971, propuseram uma moratória para a atividade missionária das Igrejas. Reivindicações semelhantes surgiram também na VIII Conferência Missionária Internacional em Bangcoc (1972/73), convocada pelo Conselho Mundial de Igrejas. Afinal, as atividades missionárias das diversas Igrejas cristãs correspondem mesmo ao mandato de Jesus de fazer discípulos todos os povos (cf. Mt 28,19)? Esse Jesus não saiu de sua terra, não teve muitos contatos com os pagãos e entendeu a si mesmo simplesmente como enviado a seu povo: qual é, então, a verdadeira origem do impulso missionário universal do Cristianismo? A missão faz parte do verdadeiro patrimônio espiritual do movimento cristão ou de um episódio espúrio a ser entregue quanto antes aos arquivos da história?

1.2. A missão aos povos na mudança de época

É nesse clima que o Vaticano II debate o tema da missão aos povos, envolvendo todo o evento conciliar, desde seu anúncio até as conclusões, de sua inspiração até sua recepção, do começo das sessões até a redação de todos seus documentos. O Papa João XXIII convida toda Igreja a olhar para os "sinais dos tempos", particularmente, a situação mundial da humanidade, depois da trágica experiência da II Guerra Mundial, entre as conquistas do mundo moderno e o fim do colonialismo nos países do Terceiro Mundo. Tudo isso vem instaurar "uma nova ordem de relações humanas"[7] que, por sua vez, convoca a

---

[7] *EV* 42*. Para as citações dos documentos preparatórios e das mensagens entre as várias sessões do concílio, utilizaremos a seguinte fonte:

Igreja para um "novo Pentecostes"[8] e "um salto adiante",[9] capaz de recriar uma nova e "simpática" relação com a humanidade,[10] a fim de colocá-la em contato com as energias vivificadoras e perenes do Evangelho[11] sobretudo através do compromisso com a justiça e a paz,[12] da unidade dos cristãos[13] e da família humana universal.[14]

O discurso missionário do Concílio, de modo peculiar dos Papas que o conceberam e o conduziram, é o mais atento, aberto e dialógico possível. Antes de tudo, se exige da Igreja um decidido *aggiornamento* de uma cristandade intransigente e fechada em si, para uma Igreja voltada para o mundo "com profunda compreensão, com sincera admiração e com franco propósito de não o conquistar, mas de valorizá-lo; não de condená-lo, mas de confortá-lo e de salvá-lo".[15] Na *Ecclesiam Suam*, sua primeira carta encíclica, Paulo VI faz uma incisiva declaração em ordem à missão:

"Se a Igreja, como dizíamos, tem consciência do que o Senhor quer que ela seja, surge nela uma plenitude única e a necessidade de efusão, adverte claramente uma missão que a transcende e um anúncio que deve espalhar. É o dever da evangelização, é o mandato missionário, é o dever de apostolado [...]. Dever seu, inerente ao patrimônio recebido

---

ENCHIRIDION VATICANUM. *1. Documenti ufficiali del Concilio Vaticano II 1962-1965*. A sigla adotada será *EV*. O asterisco depois do número do parágrafo é indicado por essa mesma fonte, para distinguir os discursos pontifícios dos documentos conciliares.

[8] *EV* 23*.

[9] *EV* 55*.

[10] Cf. *EV* 57*-58*.

[11] *EV* 3*.

[12] Cf. *EV* 9*, 25q*, 25r*.

[13] Cf. *EV* 8*, 22*, 60*.

[14] Cf. *EV* 61*.

[15] *EV* 190*.

de Cristo, é também a difusão, a oferta, o anúncio: 'Ide, pois, ensinar todos os povos' (Mt 28,19). Foi a última ordem de Cristo aos seus Apóstolos. Estes, já com o simples nome de Apóstolos, definem a própria missão indeclinável. A este interior impulso da caridade, que tende a fazer-se dom exterior, daremos o nome, hoje comum, de diálogo" (*ES* 37).

É nesse contexto que o mandato missionário de Mateus (cf. Mt 28,16-20) assume um grande significado e volta a ser reproposto como o trecho bíblico mais citado em suas variadas formas nos documentos finais do Vaticano II. Contudo, apesar de o Concílio estar totalmente embebido de uma forte tensão missionária, diversos nós precisavam ser desatados através de uma reflexão missiológica específica que olhasse peculiarmente à atividade missionária *ad gentes* e, ao mesmo tempo, a todo discurso conciliar. Afinal, a missão colocava sérias questões de ordem pastoral e doutrinal aos assuntos principais que desembocaram na redação das quatro grandes constituições do Vaticano II: *Dei Verbum* (Constituição dogmática sobre a Revelação); *Lumen Gentium* (Constituição dogmática sobre a Igreja); *Sacrosanctum Concilium* (Constituição sobre a Liturgia); *Gaudium et Spes* (Constituição pastoral sobre a Igreja no mundo contemporâneo). Essas questões poderiam ser formuladas sinteticamente da seguinte forma, pela ordem dos documentos proposta:

- Tem sentido anunciar hoje Jesus Cristo como "o mediador e a plenitude de toda revelação" (*DV* 2) para todos os povos, diante da pluralidade das diferentes religiões e culturas, e do direito à liberdade religiosa promovida solenemente pelo próprio Concílio?

- Tem sentido afirmar a necessidade de pertencer à Igreja Católica, se as pessoas podem conseguir a salvação do mesmo jeito fora dela, podendo ser "de várias maneiras ordenadas ao Povo de Deus" (*LG* 16)?

- Tem sentido acreditar no valor dos sacramentos como meios que "conferem a graça" (*SC* 59), quando esses não se tornam canais exclusivos, visto que elementos de "verdade e graça já estão presentes no meio dos povos, fruto de uma secreta presença divina" (*AG* 9)?

- Tem sentido falar ainda de "terras de missão", de "missionários" e de "missão *ad gentes*", quando as pessoas, animadas pelo avanço do progresso, passam com muita facilidade a negar Deus ou a religião (cf. *GS* 7), particularmente nos países de antiga tradição cristã, tornando assim o mundo todo uma imensa "terra de missão"?

Para a Igreja essas são questões cruciais. Para a vida missionária "de fronteira" tornam-se ainda mais angustiantes: por que sofrer as dores do exílio e as picadas de mosquitos, se as pessoas serão salvas de qualquer maneira? Afinal das contas, já é suficientemente ruim ter um trabalho árduo a realizar, mas muito pior quando se discute se vale a pena fazê-lo! Com efeito, se tirarmos os dois conceitos-chave da proclamação de um único e verdadeiro Deus, e da adoção de meios específicos para a salvação, não há mais nenhuma razão para a missão e nem para a existência da própria Igreja. Como então reafirmá-los evitando qualquer fundamentalismo e exclusivismo?

Francisco Xavier, em seu épico peregrinar pelos países da Ásia, estava motivado por uma granítica convicção: salvar as almas do fogo do inferno através do Batismo.[16] O

---

[16] Aos japoneses que lhe perguntam sobre seus antepassados que não foram batizados, Xavier responde que não tem nenhum remédio: foram para o inferno (Cartas 96,84).

Concílio Vaticano II nos livrou dessa tarefa, pois "aqueles que sem culpa ignoram o Evangelho de Cristo e Sua Igreja, mas buscam a Deus com coração sincero e tentam, sob o influxo da graça, cumprir por obras a Sua vontade conhecida através do ditame da consciência, podem conseguir a salvação eterna" (*LG* 16).

Então, quais seriam hoje as razões profundas para uma missão profética, oblativa e ousada de anúncio do Evangelho no meio dos povos?

1.3. O decreto *Ad Gentes,* sobre a missão aos povos

Para responder a essas questões, e para adequar a reflexão e a prática missionária às profundas mudanças em curso no mundo e na Igreja, o Concílio Vaticano II promulgava, em 7 de dezembro de 1965, o decreto *Ad Gentes* com 2.394 votos a favor e somente 5 contrários. Foi o documento conciliar com o maior número de aprovações, apesar de seu conturbado processo de elaboração: foram bem sete redações até chegar à reta final.[17]

O motivo de tanta dificuldade está, sem dúvida, no lento caminho de construção de um novo consenso em torno da missão, pois o sentido do decreto consistia, substancialmente, na vontade de superar uma concepção focalizada exclusivamente na organização das "missões" em terras não cristãs, para uma concepção mais ampla e articulada de uma missão global da Igreja no mundo contemporâneo. Os padres conciliares, reprovando as propostas da Comissão de preparação, pediam claramente uma explanação teológica da "missão" enquanto tal, que pudesse servir para iluminar essa segunda perspectiva.

---

[17] Cf. SUESS, *Introdução à teologia da missão*, pp. 122-131.

Com efeito, o decreto *Ad Gentes* tem sem dúvida o mérito de haver resgatado a dimensão teológica da missão e de haver restituído à Igreja Católica a consciência de sua natureza essencialmente missionária: todos seus membros são chamados a sentir como próprio o dever missionário em todos os tempos e lugares, e não apenas em tempos e lugares específicos, confiando a missão somente a alguns delegados. Neste sentido, o Vaticano II é o primeiro concílio da Igreja Católica que falará explicitamente sobre o tema da missão aos povos. O debate, porém, não encontrará uma plena realização no texto final. A razão estará também na pressa com a qual o documento foi preparado e discutido, apesar de os trabalhos terem começado em outubro de 1960. Praticamente, depois de quatro esquemas da Comissão de preparação terem sido reprovados pela Comissão Central, a quinta proposta foi discutida na aula conciliar somente de 6 a 9 de novembro de 1964, com a presença do Papa Paulo VI, apoiando o novo esquema proposto.[18] Sucedeu-se um riquíssimo e intenso debate,[19] durante o qual, porém, o esquema foi rejeitado novamente e foi pedida uma reelaboração. Desta forma, a Comissão reformulou totalmente o texto de trabalho em menos de um ano, para ficar pronto para a quarta e última sessão do Concílio, que começou em 14 de setembro de 1965.

Como dissemos, os pontos de entraves de todas as discussões, desde os primeiros encontros das subcomissões, estavam nas divergências sobre o conceito de "missão".

---

[18] Foi a única congregação de trabalho com a presença do Papa: era a primeira vez que um Papa presenciava uma sessão conciliar desde a Idade Média. Apesar do pronunciamento positivo de Paulo VI, o esquema foi rejeitado. O Papa humildemente aceitou o pleito da assembleia.

[19] Cf. ALBERIGO, Giuseppe. *Storia Del Vaticano II — 4*. Bologna: Il Mulino, 1999. pp. 358-372.

De um lado havia a Congregação pela Propagação da Fé, responsável pela evangelização dos não cristãos, que também presidia a Comissão *de Missionibus* ("das missões") com o Cardeal Agagianian, que defendia um conceito estreitamente jurídico-territorial de missão: trata-se de uma atividade específica da Igreja que visa à sua expansão nos países não cristãos (chamados "terras de missão") enquanto única realidade de salvação para todos os povos. Essa tarefa, confiada a missionários consagrados, consiste em cristianizar a vida desses povos, através da propagação da fé e da implantação da Igreja com todas suas estruturas (*plantatio ecclesiae*).

Por outro lado, havia uma visão fruto de quase meio século de debate teológico sobre a natureza da missão e a salvação dos não cristãos, que expressava a necessidade de uma superação da concepção jurídico-territorial rumo a uma concepção mais teológica, que fundamentava o conceito de missão na natureza trinitária de Deus. Em outras palavras, "missão" não é principalmente uma questão de expansão e implantação da Igreja nas terras não cristianizadas: "missão" é a própria essência da Igreja, chamada a ser testemunha de Jesus Cristo no mundo e na história, até os confins da terra e até o final dos tempos. Expoente principal desta concepção foi o teólogo dominicano Yves Congar, uma das figuras-chave de todo Concílio, chamado pela Comissão *De Missionibus* a compor uma subcomissão de redação, depois do debate de 1964, na qualidade de perito junto a X. Seumois, J. Neuner, D. Grasso, J. Glazik e J. Ratzinger.

Essa segunda concepção parecia mais cônsona aos tempos modernos e pós-modernos, e ao espírito do próprio Concílio. Com efeito, a Igreja começava na época a entrar numa situação de diáspora diante da fragmentação e da multiculturalidade do mundo contemporâneo. A hegemonia das tradições religiosas em determinados territórios deixava progressivamente lugar ao pluralismo possível, graças às encruzilhadas proporcionadas por tecnologias, mercados, mobilidades humanas e aglomerações urbanas. Nessa situação de efervescência, cidades e metrópoles aos poucos substituíam aldeias em todos os continentes. Sabedorias populares e estruturas comunitárias davam lugar à autonomia e à liberdade das pessoas. Numa realidade marcada por grandes e profundas mudanças, a Igreja procurava encarar os desafios do mundo de hoje com uma atitude de escuta, de diálogo e de abertura. Nesse contexto, evidentemente, a missão *ad gentes* ampliava por inércia seu âmbito de ação. Antigamente, na mentalidade da cristandade, coincidia com a missão *ad extra*, em territórios culturalmente não cristãos. Hoje, parece impor-se como realidade em qualquer lugar, particularmente nos contextos de antiga tradição cristã: portanto, essa missão aos povos num mundo globalizado não é entendida somente a *certos* povos, mas definitivamente a "todos" os povos.

1.4. Uma nova visão de missão aos povos

Dessa maneira, a elaboração do decreto *Ad Gentes* entrava aos poucos em sintonia com a perspectiva conciliar que sentenciava, de forma sutil mas decidida, o fim de uma "cristandade" autorreferencial e segregada do mundo, obcecada por sua pretensão exclusivista, tanto em relação aos contextos chamados de "Terceiro Mundo", como também em relação aos contextos de antiga tradição cristã, que iam se "descristianizando". Essa mudança de postura é um dos fundamentos de todo o evento conciliar. Em seu discurso de abertura, João XXIII chamava a atenção dos "profetas de desgraças", que "nos tempos modernos não veem senão prevaricações e ruínas [...] como se nos tempos dos Concílios Ecumênicos anteriores tudo procedesse em plenitude do triunfo da ideia e da vida cristã".[20] Não existe uma idade de ouro da Igreja que deve ser restaurada, mas "a Providência está-nos conduzindo a uma nova ordem de relações humanas, que [...] se dirigem ao cumprimento de desígnios superiores e não esperados".[21]

O embate entre as duas posições, a de *Propaganda Fide* e a de Congar, resultou no destaque da segunda. Contudo, não foi uma vitória em toda linha. Houve negociações, pois o conceito jurídico-territorial foi reafirmado no texto (cf. *AG* 6), sinal de uma dialética até hoje não resolvida, mas também sinal de situações e circunstâncias concretas em relação às quais uma visão *holística* da missão, por assim dizer, não ajudava muito. Pois, se tudo é missão e todos são missionários, o que tem a dizer a Igreja para aquelas comunidades que se encontram em situações extremas de isolamento, de abandono, de formação inicial, de carência material e espiritual, de efetiva minoria, de perseguição? Se todas as Igrejas estão em estado de missão, significa que todas estão niveladas num mesmo patamar, ou é preciso adotar distinções histórico-conjunturais que acabam necessitando de instrumentos jurídico-territoriais bem definidos?

Declarações de princípio e exigências práticas devem sempre ser conjugadas quando se fala de missão. Entretanto, esse assunto exigia sim um reenquadramento de caráter fundamental diante das mudanças em curso no

---

[20] *EV* 40*.

[21] *EV* 42*.

mundo e na Igreja. Portanto, o texto final do Decreto resultou invertido em relação ao esquema inicial. A primeira parte, a parte teológica, corresponde ao primeiro capítulo — *Princípio doutrinários* —, não prevista no esquema inicial, constitui o fundamento de todo o documento: trata-se dos números de 2 a 9. A segunda parte, a parte prática, considerada central no esquema inicial, resulta secundária (mas não menos importante!), também se quantitativamente mais relevante em seus cinco capítulos: II. *A obra missionária*: números de 10 a 18; III. *As Igrejas particulares*: números de 19 a 22; IV. *Os missionários*: números de 23 a 27; V. *A organização da atividade missionária*: números de 28 a 34; VI. *A cooperação*: números de 35 a 41. O documento contempla também um proêmio (n. 1) e uma conclusão (n. 42).

Seguiremos, portanto, essa estrutura em nossas considerações: primeiro, a parte teológico-fundamental; à qual, pela sua relevância e novidade, dedicaremos uma reflexão a cada número; segundo, a parte prática sobre a missão, seus caminhos, meios, e métodos, para a qual reservaremos um comentário a cada capítulo.

2

A missão aos povos e o caminho pós-conciliar

O decreto *Ad Gentes* termina com uma palavra afetuosa a todos os missionários, particularmente aqueles que são perseguidos, associando-se a seus sofrimentos (cf. *AG* 42). A missão aos povos nasce da perseguição do grupo de Estêvão (cf. At 8,1). A missão dos discípulos às "ovelhas perdidas da casa de Israel" prevê inevitáveis perseguições (cf. Mt 10,16). O anúncio da gratuidade que vem de Deus parece até atrair o ódio de quem pratica o mal e o egoísmo. Tanto é verdade que Jesus logo se desdobra em dar instruções aos discípulos de como agir diante dessas situações, pois Ele não veio para trazer a paz (cf. Mt 10,34). O Evangelho sempre foi uma Boa-Nova para os pobres e os humildes e, ao mesmo tempo, uma notícia péssima para os ricos e os poderosos (cf. Lc 1,52-53).

Esse aspecto da perseguição e do martírio está profundamente encarnado na experiência e na existência missionária, ao ponto de podermos perguntar: nosso anúncio não incomoda ninguém? Então, será que estamos realmente evangelizando? Certas expressões pós-modernas de evangelização, light, diet ou meio açucaradas, que convidam a um bem-estar interior, a uma paz celestial, a uma fé intimista e consumista, recheada de sofisticações burguesas, será que condizem com a missão que foi confiada à Igreja? A tentativa de expurgar a radicalidade da Cruz do anúncio do Evangelho é simplesmente diabólica. Isso representa hoje a grande tentação para a missão de todas as Igrejas nos seis continentes.

2.1. A missão aos povos nos documentos do magistério da Igreja universal

O debate pós-conciliar continuará a aprofundar as questões abordadas pelo decreto *Ad Gentes* de maneira apaixonada. Logo, ao celebrar os dez anos de encerramento do Vaticano II, e ao retomar as conclusões da III Assembleia Geral do Sínodo dos Bispos sobre a evangelização (1974), a Exortação Apostólica de Paulo VI *Evangelii Nuntiandi* (1975) procurará oferecer respostas às inquietações de uma Igreja ainda à procura de um rumo, depois da redescoberta de sua natureza missionária. O fará sob uma ótica peculiar: substituindo o termo "missão" pelo termo mais bíblico "evangelização", por causa das implicações colonialistas ainda associadas ao primeiro termo.

Evangelii Nuntiandi representou um esforço na tentativa de expurgar a missão da Igreja de toda uma ideologia exclusivista, eclesiocêntrica, hegemônica e expansionista. Nessa operação de boas intenções, essa ideologia disfarçadamente permaneceu nas práticas das Igrejas, e o problema das mediações históricas do Evangelho, indelevelmente marcadas por limitações e pecados, não foi substancialmente resolvido.[1] Além do mais, o conceito de "evangelização" era perigosamente menos amplo do que "missão". Moltmann afirma que "evangelização é missão,

---

[1] Cf. SUESS, Paulo. *Evangelizar a partir dos projetos históricos dos outros*. São Paulo: Paulus, 1995. pp. 103-104.

mas missão não é somente evangelização": é também diálogo, promoção humana, testemunho, "todas as atividades que servem a libertar o homem da escravidão na presença do Reino vindouro".[2]

Ao retomar com força o termo "missão", com suas implicações, é um pequeno documento do então Secretariado para os não cristãos, *A Igreja e as outras religiões — diálogo e missão* (1984), impressionante pela lucidez, que descreve a missão "como uma realidade unitária, mas complexa e articulada" (*DM* 13) em testemunho, serviço, vida litúrgica, diálogo e anúncio. Esse documento servirá de base no Brasil para o Projeto de Evangelização "Rumo ao Novo Milênio" (1997-1999) da CNBB.

A missão, no entanto, continuava a dar o que falar sobre suas questões fundamentais. No final de 1990, é promulgada a Encíclica de João Paulo II *Redemptoris Missio*, a qual, dando continuidade às intuições conciliares, procurará ampliar e articular um aprofundamento sobre a missão *ad gentes*. Merecimento e limite desse documento do magistério pontifício será a reflexão sobre os âmbitos da missão: pastoral, nova evangelização e missão *ad gentes*. Essa última se desdobra não apenas pelos âmbitos territoriais dos países não cristãos, mas também nas fronteiras sociais (grandes cidades, juventude, migrações, fenômenos sociais novos) e nas fronteiras culturais (os areópagos das comunicações, da cultura, da política, da economia) (cf. *RMi* 37). Um leque amplíssimo, talvez oportuno, mas que cria novas imprecisões sobre a noção de *ad gentes*.

Quase contemporaneamente à Encíclica de João Paulo II, é divulgado o documento do Pontifício Conselho para o

---

[2] Cf. MOLTMANN, *La Iglesia en la fuerza del Espíritu*, p. 25.

Diálogo Inter-religioso e da Congregação para a Evangelização dos Povos *Diálogo e Anúncio* (*DA*). No período pós-conciliar, um dos assuntos que mais anima o debate missiológico será o diálogo inter-religioso. O concílio abordará a questão com a Declaração *Nostra Aetate*. Mas sempre mais esse assunto permeará a problemática missionária, sobretudo no aspecto basilar da evangelização: "Se o diálogo inter-religioso assumiu tal importância, o anúncio da mensagem evangélica perdeu sua urgência?" (*DA* 4c). A problemática do diálogo inter-religioso implica necessariamente uma nova perspectiva para a compreensão da missão evangelizadora da Igreja: o anúncio do Evangelho deve ser oferecido como dom pelo caminho do diálogo.

A Declaração *Dominus Iesus*, da Congregação para a Doutrina da Fé, publicada no ano 2000, interveio para botar ordem sobre essa questão. Nos princípios doutrinais não há novidade nenhuma. O espírito e a linguagem do documento, entretanto, não manifestam nenhuma sensibilidade pastoral, tampouco missionária. O retorno foi uma onda de críticas para a Igreja Católica e uma clara impressão de refluxo e de fechamento.

2.2. A missão aos povos nos documentos do magistério da Igreja latino-americana

Para a Igreja latino-americana, o decreto *Ad Gentes* abriu surpreendentes veredas de um progressivo descobrimento da própria identidade e do potencial missionário de suas comunidades. Em 1968 realiza-se a II Conferência Geral do Episcopado Latino-americano em Medellín, Colômbia. Este evento foi marcado pela profunda recepção e recriação da essência doutrinária do Vaticano II, reinterpretada agora a partir contexto latino-americano.

Interessante, porém, que em Medellín a dimensão missionária, "no sentido estrito", passou quase despercebida. Também não houve uma reflexão orgânica sobre a realidade dos povos indígenas e suas culturas. Contudo, Medellín, com "opção pelos pobres", traça o eixo central de toda a missão da Igreja na América Latina, fundamento essencial para um futuro impulso além-fronteiras: os pobres não são mais os "pobres coitados", mas têm um valor inestimável aos olhos de Deus (cf. *Medellín*, A pobreza da Igreja, 7).

A questão missionária deslancha de vez em Puebla, México, por ocasião da III Conferência Geral do Episcopado Latino-americano, em 1979, através de uma reflexão muito bem articulada. O segundo capítulo da segunda parte do documento final tem como título: "O que é evangelizar?". Logo no primeiro tópico: "Evangelização: dimensão universal e critérios", faz-se brevemente o ponto da situação com os principais desafios. Descreve de maneira sucinta, mas muito eficaz, o ministério da evangelização e seu dinamismo. Em seguida, indica dois aspectos fundamentais da evangelização: primeiro, tem de calar fundo no coração das pessoas e dos povos; segundo, há de estender-se a todos os povos. Profundidade e extensão: "Ambos estes aspectos são de atualidade para evangelizar hoje e amanhã a América Latina" (*Puebla* 362).

Para terminar, as Conclusões da III Conferência Geral apontam para as tarefas essenciais da missão: primeiro, formar comunidades eclesiais vivas e maduras em sua fé; segundo, atender *situações* que mais precisam de evangelização (situações permanentes, novas e particularmente difíceis). E por último, um "finalmente": "Finalmente chegou para a América Latina a hora de intensificar os serviços recíprocos entre as Igrejas particulares e de estas se projetarem para além de suas próprias fronteiras. É certo que nós próprios precisamos de missionários, *mas devemos dar de nossa pobreza*" (*Puebla* 368). Essas palavras estamparam-se na caminhada eclesial latino-americana como um marco indelével.

Treze anos mais tarde, em Santo Domingo, a IV Conferência Geral retoma o texto profético de Puebla à luz da *Redemptoris Missio*: "Renovamos este último sentido da missão, sabendo que não pode haver Nova Evangelização sem projeção para o mundo não cristão, pois, como nota o Papa: 'A Nova Evangelização dos povos cristãos encontrará inspiração e apoio no compromisso pela missão universal'" (*DSD* 125). Santo Domingo aponta ainda para alguns desafios pastorais, vista a tentação de "fecharmos em nossos próprios problemas locais, esquecendo nosso compromisso apostólico com o mundo não cristão" (*DSD* 126). São eles: a introdução da animação missionária na pastoral ordinária; a formação missionária para presbíteros e religiosos; a promoção da cooperação missionária de todo o Povo de Deus; e o envio de missionários e missionárias *ad gentes* (cf. *DSD* 128).

Enfim, Aparecida, Brasil. A V Conferência Geral do Episcopado Latino-americano fez da missão o *leit motiv* de todo o evento. Contudo, no texto final há uma sessão dedicada à missão *ad gentes* (*DAp* 373-379) pouco contundente se a comparamos com Santo Domingo e, sobretudo, com Puebla. O foco *ad intra* do *DAp*, a preocupação com a vida de "nossos" povos e com a situação da Igreja "no" Continente, tenha, por vez, freado certo ímpeto ou, pelo menos, certa sensibilidade pelo *ad extra*. Por outro lado, podemos afirmar também que a missão *ad gentes* se torna um elemento-chave para compreender a visão, a reflexão, as propostas e os limites de Aparecida, como eixo vital, qualitativo e identitário de toda vida discipular.[3] O debate em torno da missão *ad gentes* no *DAp* é bem mais ampla do que a seção a ela dedicada. Lendo transversalmente o documento, podemos colher vários elementos que têm a ver com essa perspectiva e essa prática no que diz respeito aos fundamentos, aos sujeitos e aos âmbitos que tocam toda ação da Igreja.

Particularmente, o *DAp* articula uma reflexão que ajuda a entender: a) Deus em seu rosto humano, próximo, cheio de compaixão; b) a promessa de uma vida plena em Jesus; c) o mistério e o ministério do dom da vida para todos. Consequentemente, a Igreja como participante dessa *missio Dei* encontra a sua razão de ser e sua contínua saída: a) das estruturas; b) das pessoas (*saída de si*); c) das relações (*ad intra* e *ad extra*); d) das práticas; e) das fronteiras. Enfim, a missão se realiza numa tensão fecunda entre os compromissos *contextuais* e *universais* tais como: a) a missão aos corações; b) a constituição da comunidade missionária; c) a missão continental; d) a missão *ad gentes*; e) a missão universal. Em sua projetualidade contextual, a missão trabalha sempre com interlocutores bem definidos, mas sem perder a visão e o compromisso com o âmbito maior.

2.3. A missão aos povos nos documentos da Igreja no Brasil

Assim como os documentos da Igreja Latino-americana, os documentos da CNBB estão permeados do

---

[3]   Cf. RASCHIETTI, Stefano. A missão ad gentes no Documento de Aparecida. *Revista Eclesiástica Brasileira*, Petrópolis, n. 275, pp. 642-675, jul. 2009.

espírito missionário que envolveu o Concílio, mas com pouca ênfase na missão aos povos. A Igreja no Brasil tem uma forte atuação e reflexão no que diz respeito à missão *ad intra*, porém pouca atuação e reflexão na missão *ad extra*. Foram sem dúvida absorvidos, de alguma forma, os princípios doutrinários que sustentam a identidade missionária da Igreja, sobretudo na sua atuação no mundo. Mas a visão de mundo na maioria das vezes ficou restrita ao contexto local, com pouco respiro universal, particularmente em nível de iniciativas concretas. Em outras palavras, a Igreja local tornou-se verdadeiramente protagonista da missão, graças à caminhada de suas pequenas comunidades espalhadas no imenso território, mas não trabalhou muito a dimensão de comunhão entre as Igrejas.

De todos os documentos publicados pela CNBB desde sua criação, somente dois foram realmente marcantes para a caminhada missionária sem fronteiras da Igreja no Brasil: o documento 40, *Igreja: comunhão e missão*, da 26ª Assembleia Geral de 1988; e o documento 71, *Diretrizes Gerais da Ação Evangelizadora da Igreja no Brasil (DGAE) 2003 — 2006*, da 41ª Assembleia Geral de 2003.

O primeiro consta de uma introdução, de uma parte teológica, de uma pastoral e de uma conclusão. A parte teológica é bastante bem elaborada, mas não reflete o mesmo empenho de *Ad Gentes* quando se trata de distinguir âmbitos da missão: "Na história recente, a consciência missionária da Igreja está se renovando profundamente. A missão não é pensada unicamente *ad gentes* limitada a áreas geográficas menos penetradas pela evangelização. Este aspecto da missão se revigora e se completa com a descoberta de que todo país é 'terra de missão'" (*Igreja: comunhão e missão*, 39).

Se tudo é missão nada é missão. Ou, para dizer com a *Redemptoris Missio*, "sem a missão *ad gentes*, a própria dimensão missionária da Igreja ficaria privada do seu significado fundamental e do seu exemplo de atuação" (*RMi* 34). A mesma coisa diga-se dos sujeitos: "Cresce a convicção de que a missão é condição essencial e permanente da Igreja, em todo tempo e lugar. Ela não é apenas tarefa de alguns institutos específicos ou da hierarquia eclesiástica, mas responsabilidade e dever de todo o Povo de Deus, de toda Igreja particular, de todo cristão" (*Igreja: comunhão e missão*, 39). Também aqui não se distinguem papéis e funções: está tudo nivelado. Se todos são missionários, ninguém mais é missionário.

Essa pouca assimilação da temática da missão, assim como o decreto *Ad Gentes* quis aprofundá-la, se repercute na segunda parte pastoral do documento da CNBB. Como "urgências da missão" se destacam quatro compromissos: a evangelização dos povos, o mundo do trabalho, o mundo da política e o mundo da cultura. Ao quarto aspecto se dedicam 46 parágrafos, ao terceiro 44, ao segundo 52 e ao primeiro somente 19. Isso reflete um pouco o espírito da época, como também a forte influência que a *Gaudium et Spes*, mais que o *Ad Gentes*, exerce sobre a Igreja no Brasil. A missão aos povos continua por vários motivos um assunto tabu, olhado com suspeita porque reevoca a colonização.

Contudo, nesses 19 parágrafos há afirmações importantes, além daquelas que já lembramos, como por exemplo: "a maturidade de uma Igreja local é fortalecida à medida que ela se abre a outros horizontes e contextos eclesiais, sociais e culturais" (*Igreja: comunhão e missão*, 118). "Estaria condenando-se à esterilidade a Igreja que deixasse atrofiado seu espírito missionário, sob a alegação de que ainda não foram plenamente atendidas todas as necessidades locais" (*Igreja: comunhão e missão*, 119). Mas quando entra nas perspectivas de ação e de animação missionária, retorna a fragilidade das motivações com compromissos a serem assumidos sem amplo impulso, abertura e ousadia.

Até a celebração do V Congresso Missionário Latino-Americano (COMLA 5), realizado em Belo Horizonte em julho de 1995, não há um engajamento significativo da Igreja no Brasil na missão aos povos. A partir desse evento, que constitui um marco na nossa caminhada missionária, começa uma animação e uma reflexão orgânica levada adiante pelo Conselho Missionário Nacional (Comina) que acaba repercutindo em alguns pronunciamentos, simbólicos mas extremamente importantes, nas *DGAE 2003-2006*. Essas diretrizes foram fruto de um processo participativo excepcional. Nelas não consta uma sessão dedicada à missão aos povos. No entanto, no terceiro capítulo, a missão *ad gentes* aparece em todos os três âmbitos de ação: pessoa, comunidade, sociedade.

No primeiro, "promover a dignidade da pessoa", se afirma que a "dimensão missionária universal" deve ocupar um lugar central na formação das pessoas (cf. *DGAE 2003-2006*, 94, 102). No segundo, "renovar a comunidade", se declara que nossas comunidades, apesar da sobrecarga de tarefas, são chamadas a "dar de sua pobreza" além-fronteiras (*DGAE 2003-2006*, 138). E no terceiro, "construir uma sociedade justa e solidária", se manifesta a preocupação que devemos "contribuir para um mundo [e não apenas para um Brasil] solidário e justo" (*DGAE 2003-2006*, 175), e que a mídia católica deve "incentivar uma informação e uma comunicação aberta ao mundo" (*DGAE 2003-2006*, 195).

Essas passagens transmitem a sensação de que alguns passos foram dados em direção a um crescimento da consciência missionária na Igreja no Brasil, tanto no amadurecimento de uma identidade profunda, como no compromisso com algumas realidades específicas e com a solidariedade intereclesial.

3
Conclusão

Muito ainda resta a fazer. Só um indicador: o subsídio para a novena missionária de 2010 traz alguns dados. Nos últimos dez anos, a coleta do Dia Mundial das Missões teve um crescimento de 227,29%. Muito significativo, mas ainda insuficiente. Se as paróquias e as dioceses católicas decidissem repassar para as missões pelo mundo afora 1% de tudo o que arrecadam durante um ano, a quantia subiria de 5 milhões para mais de 80 milhões.[1]

A missão aos povos sempre foi, é e sempre será a grande tarefa da Igreja, assumida por suas comunidades às vezes com certa resistência. Hoje ela deve necessariamente ser repensada dentro de um novo quadro de compreensão, que contempla toda a identidade e atividade eclesial. Por outro lado, nenhuma Igreja pode perder o foco da missão *ad gentes*, aos não cristãos, e da missão *ad extra*, para fora de seu contexto. Essas dimensões deverão se integrar com a pastoral, a nova evangelização e a missão *ad intra*. Mas não podem "se tornar uma realidade diluída na missão global de todo o Povo de Deus" (*RMi* 34). Uma Igreja sem a missão *ad gentes* é como se o país do futebol não tivesse um campeonato de primeira divisão, como se o país do carnaval não tivesse desfile do Grupo Especial de escolas

---

[1] Cf. POM. *Novena missionária missão e partilha*. Brasília: POM, 2010. p. 39.

de samba. Afinal, quantos missionários nossas dioceses têm na Ásia, na África ou na Amazônia? Com quantos projetos colabora? Tem pelo menos mapa-múndi em suas igrejas para lembrar ao Povo de Deus que somos católicos? E se não expressamos assim a missão, como podemos nos autodefinir missionários?

A ênfase dada pelos últimos pontificados à nova evangelização acabou ofuscando perigosamente a importância da missão aos povos para as Igrejas locais. A tentação em considerar que a missão se resolve, afinal, aqui, no nosso meio, que não é preciso ir longe, que o mundo globalizado jogou a Igreja num estado de diáspora, que a realidade com a qual temos que lidar já desafia suficientemente a missionariedade de nossas comunidades, que é bem mais importante responder às questões que o nosso mundo nos coloca, que os meios de comunicação e de transporte hoje facilitaram por demais o contato com outros mundos, termina por sufocar o impulso de sair e se doar. A preocupação do que está ao redor, o terreno perdido pela secularização e pela concorrência, a ânsia por uma reconquista, nos atormenta e nos deprime, nos introverte e nos envolve numa dinâmica centrípeta, até o fechamento completo em nós mesmos, tanto do ponto de vista confessional como do ponto de vista pastoral.

Precisamos sair. Eis a grande atualidade do decreto *Ad Gentes*. Ao mesmo tempo em que o concílio toma consciência do fim do modelo colonial, fundado na expansão da cristandade ocidental, compromete-se em repensar a missão sobre novos fundamentos. O ganho mais nítido foi o esforço de trazer a missão de volta para o âmbito trinitário e, daqui, traçar o rosto da natureza missionária da Igreja.

A missão não é só ação: é essência. Ela não é patrimônio somente de alguém: ela pertence a todos os cristãos.

Nesse quadro global de entendimento entre fundamentos, exigências e âmbitos de missão, tudo concorre para que a própria missão não seja circunscrita a um aspecto *ad intra* ou *ad extra*, aquém ou além-fronteiras, junto aos *não* ou aos *pós*-cristãos, mas se torne um eixo vital, qualitativo e identitário de toda a vida discipular. Compromissos específicos junto à missão, de agora em diante, deverão encontrar sua relevância dentro desse quadro mais articulado de compreensão. Por outro lado, nenhum plano pastoral poderá prever atuações restritas apenas a um âmbito de extensão missionária, mas deverá alargar continuamente seu olhar, sua compaixão e sua ação na tensão entre local e mundial.

É nesse intuito, portanto, que o Documento de Aparecida convida as Igrejas do continente para uma grande jornada: "Nós somos agora, na América Latina e no Caribe, seus discípulos e discípulas, chamados a navegar mar adentro para uma pesca abundante. Trata-se de sair de nossa consciência isolada e de nos lançarmos, com ousadia e confiança (*parrésia*), à missão de toda a Igreja" (*DAp*, 363).

Texto e comentário
Decreto Ad Gentes sobre a atividade missionária da Igreja*

Paulo bispo servo dos servos de Deus
com os padres do Sagrado Concílio
para a perpétua memória

---

* O ponto de partida deste documento foram as 177 propostas enviadas a Roma durante o período preparatório do Concílio. A Comissão competente recebeu o encargo de desenvolver cinco pontos: o dever missionário, as vocações missionárias, a formação e a ação dos missionários, o clero autóctone e o respeito pelas culturas locais, as relações entre dioceses e missões. Daí nasceram sete esquemas diferentes, dos quais foram escolhidos apenas dois especificamente missionários, uma vez fundidos num só, apareceu o esquema do decreto intitulado "De missionibus", de caráter acentuadamente jurídico, com um proêmio e dois capítulos em 21 páginas. Uma vez iniciado o Concílio, a nova Comissão conciliar recebeu o estudo feito e elaborou outro esquema, dividido em duas partes com três capítulos cada uma. Esta redação, porém, durou pouco tempo; em 3 de dezembro de 1963 apareceu outra, aprovada pelo Santo Padre em 17 de janeiro de 1964 e logo enviada aos Padres: 19 páginas, um proêmio e quatro capítulos. As observações enviadas a Roma foram consideradas, e surgiu assim uma nova redação intitulada "De activitate missionali Ecclesiae": uma introdução, treze proposições e uma brevíssima conclusão. Em julho de 1964, foi enviada aos Padres. As novas observações foram poucas mas muito a propósito. O esquema foi apresentado na aula conciliar em 6 de novembro de 1964 e manteve-se em discussão até ao dia 9, tendo havido 28 intervenções. Como fosse julgado demasiado genérico, o texto, por sugestão da própria Comissão, foi retirado da discussão para ser cuidadosamente retocado. Em maio de 1965, foi enviado mais uma vez aos Padres: um proêmio e cinco capítulos: princípios doutrinais, a obra missionária em si mesma, os missionários, a organização da atividade missionária, a cooperação missionária. Foi este o texto apresentado ao Concílio em 8 de outubro de 1965. Interviéram 193 Padres. Consideradas as emendas propostas, o esquema voltou a ser discutido, desta vez enriquecido dum capítulo novo sobre as Igrejas particulares. A votação global teve lugar no dia 30 de novembro: 2.162 placet; 18 non placet; 2 nulos. No dia 7 de dezembro, durante a 9ª sessão pública, depois da última votação: 2.399 votantes; 2.394 placet; 5 non placet — o Santo Padre promulgou solenemente o documento.

A ação missionária aos povos no decreto *Ad Gentes*: A organização do decreto, a essa altura, parece clara em suas premissas e em seus objetivos. O fim do colonialismo, a emancipação dos povos e das culturas indígenas, o alvorecer de um mundo globalizado, o avanço da tecnologia e dos mercados, as mudanças de costumes na sociedade mundial, as complexidades e as problemáticas da pós-modernidade, o diluir-se do mundo cristão na sociedade secularizada, o fenômeno do pluralismo religioso e o progressivo recuo das hegemonias confessionais tinham criado uma situação que obrigava a Igreja a uma reformulação de sua ação missionária.

A parte doutrinal colocava as primeiras e essenciais estacas para um novo discurso sobre a missão. Os passos, resumidamente, são os seguintes:

- a Igreja é por sua natureza missionária, pois ela se origina da missão do Filho e do Espírito segundo o projeto do Pai que provém de seu "amor fontal";

- a Igreja é enviada a anunciar e testemunhar o Evangelho *ubique et in omni condicione*, "em todos as partes do mundo e em todas as situações" (*AG* 6), e não apenas em algumas; em outras palavras, a Igreja é enviada a *todos* os povos, e não apenas aos povos não cristãos;

- contudo, existem lugares e situações particularmente desafiadores, que requerem uma atenção especial e um discurso específico distinto de qualquer ação pastoral. Esses lugares e situações se definem pela falta/necessidade de um primeiro anúncio do Evangelho e pela falta/necessidade da presença de uma comunidade cristã; a *Evangelii Nuntiandi* acrescentará, de alguma forma, um terceiro e decisivo elemento: a falta/necessidade de uma transformação social pelos valores do Evangelho (cf. *EN* 29).

Como dissemos, esses critérios não chegam a ser conclusivos na explicitação da Missão nas "missões", assim como era na época da cristandade colonial com os territórios *ad extra* dos contextos de (antiga) tradição cristã. Apesar disso, vêm alertar sobre o perigo de nivelar as diferentes situações, apontando desafios urgentes para a ação missionária da Igreja. Esses desafios se distinguem das normais condições de ação pastoral e se evidenciam como atividade primária e essencial para toda igreja (cf. *RMi* 31). Essa missão se chamará comumente de missão *ad gentes*, missão aos povos (não cristãos).

A perspectiva fundamental é sempre a mesma: "Oferecer a todos o mistério de salvação e a vida trazida por Deus" (*AG* 10), particularmente àqueles que não são culturalmente cristãos. Agora, *como* fazer isso? Os demais capítulos do decreto *Ad Gentes* procuram explicitar esse *como*, e também *com quem* e *com que* se organiza o projeto missionário *ad gentes*. A visão, os objetivos e a justificativa foram dados pela parte teológica no primeiro capítulo. A partir do segundo, vem a parte prática, particularmente concentrada nas realidades de missão nos países não cristãos, mas que também vem dizer alguma coisa para muitas outras situações de descristianização e de secularização, que não conseguem ser mais acompanhadas pelas pastorais das Igrejas no mundo de hoje.

Proêmio

1. A Igreja, enviada por Deus a todas as gentes para ser "sacramento universal de salvação",[1] por íntima exigência da própria catolicidade, obedecendo a um mandato do seu fundador[2] procura incansavelmente anunciar o Evangelho a todos os homens. Já os próprios apóstolos

---

[1] Const. dogm. Lumen Gentium, 48.
[2] Cf. Mc 16,15.

AG 1: Antes de tudo, o proêmio retoma logo de cara a declaração fundamental de *LG* 48, sem a qual não haveria o decreto *Ad Gentes*: a Igreja enviada para ser *universale salutis sacramentum*, "sacramento universal de salvação" (*AG* 1). Não é por acaso que, para alguns estudiosos, o verdadeiro passo adiante do Vaticano II sobre o tema da missão não aconteceu inicialmente no decreto missionário, mas na *Lumen Gentium*, a constituição dogmática sobre a Igreja (Cf. BOSCH, *Missão transformadora*, p. 446). Apesar de não ter uma reflexão explícita e coerente sobre a missão (Para Sartori, isso representa "umas das carências mais vistosas" da *Lumen Gentium*. Afinal, nenhum capítulo da constituição sobre a Igreja é dedicado à missão. Temos apenas o n. 17: muito pouco. Cf. SARTORI, L. Coscienza di missione nel Concilio Vaticano II: l'Ad gentes. In: MENIN, M. [coord.]. *Teologia della missione*, p. 69.), ela introduz uma fundamental descrição da Igreja não mais como entidade societária *perfecta*, mas como *mistério* da presença de Deus no mundo, como "sacramento, isto é, sinal e instrumento, da união íntima com Deus e da unidade

em que a Igreja se alicerça, seguindo o exemplo de Cristo, "pregaram a palavra da verdade e geraram as Igrejas".[3] Aos seus sucessores compete perpetuar esta obra, para que "a palavra de Deus se propague rapidamente e seja glorificada" (2Ts 3,1), e o reino de Deus seja pregado e estabelecido em toda a terra.

No estado atual da civilização, de que surgem novas condições para a humanidade, a Igreja, que é sal da terra e luz do mundo,[4] é com mais urgência chamada a salvar e a renovar toda a criatura, para que tudo seja instaurado em Cristo e nele os homens constituam uma só família e um só Povo de Deus.

---

[3]   Santo Agostinho, Enarr. in Ps. 44, 23: PL 508; Cchr. 38, 510.
[4]   Cf. Mt 5,13-14.

---

de todo o gênero humano" (*LG* 1). O percurso da Constituição Dogmática em seus primeiros três capítulos é exatamente esse: o Mistério da Igreja; o Povo de Deus; a Constituição Hierárquica. Do mistério até sua concretização histórica. Os esquemas anteriores, propostos e reprovados, seguiam outra ordem e davam ênfase triunfalista à concretização histórica da Igreja, perdendo quase de vista sua origem e seu fim.

A nova perspectiva procura superar uma visão "institucionalista" da Igreja, para apelar, antes de mais nada, para as dimensões profundas de fé que a constituem. O ponto de partida da *Lumen Gentium* não podia ser mais explícito nesse sentido, com um primeiro capítulo inteiramente dedicado ao "mistério da Igreja" em sua fundamentação bíblica e trinitária, marcando o passo para uma virada eclesiológica: a instituição "Igreja" não é mais o centro e o fundamento de todo o discurso, mas ela, enquanto "sacramento", remete necessariamente para algo mais além de si mesma, ao mistério do próprio Deus.

Por isso, este sagrado Concílio, agradecendo a Deus a grandiosa obra já realizada pelo esforço generoso de toda a Igreja, deseja também delinear os princípios da atividade missionária e reunir todas as forças dos fiéis, para que o Povo de Deus, continuando a seguir pelo caminho estreito da cruz, difunda por toda a parte o reino de Cristo, Senhor e perscrutador dos séculos,[5] prepare o caminho para a sua vinda.

---

[5] Cf. Eclo 36,19.

A essa premissa essencial são associados, no *Ad Gentes*, três elementos estritamente correlatos: as exigências profundas de sua própria catolicidade, a obediência à ordem de seu fundador e a perspectiva que nEle os homens constituam uma só família e um só Povo de Deus. Essas afirmações correspondem à índole escatológica da Igreja, "quando com o gênero humano, também o mundo inteiro, que está unido intimamente ao homem e por ele atinge o seu fim, será totalmente reconciliado em Cristo" (*LG* 48). A missão é um mandato, uma ordem, e não uma opção ou uma livre escolha, que nunca pode ser dissociada de uma perspectiva universal: "A promoção da unidade se harmoniza com a missão íntima da Igreja, porquanto ela é 'em Cristo como que um sacramento ou sinal e instrumento da união profunda com Deus e da unidade de todo o gênero humano'" (*GS* 42). A própria *Gaudium et Spes* se encarregará de aprofundar magistralmente o tema da "família humana universal". Aqui nos cabe apenas lembrar que isso não constitui para a Igreja um mero ideal abstrato, mas o grande projeto histórico de Deus para com a humanidade, o qual encontra no mistério trinitário o seu fundamento, o seu modelo e o seu último fim: "O próprio Deus" (*GS* 24).

Capítulo I
Princípios doutrinais

O desígnio do Pai

2. A Igreja peregrina é, por sua natureza, missionária, visto que tem a sua origem, segundo o desígnio de Deus Pai, na "missão" do Filho e do Espírito Santo.[1]

---

[1]   Cf. Const. dogm. Lumen Gentium, 1.

AG 2: Essa introdução prepara para a declaração lapidária mais famosa de todo documento, que abre a parte doutrinária: "A Igreja peregrina é, por sua natureza, missionária" (*AG* 2). Aqui temos em síntese toda a doutrina conciliar sobre a missão que corresponde a uma grande revolução.

A primeira novidade está na palavra "natureza", que quer dizer "essência": a Igreja é missionária por sua "essência". Essa essência é a própria essência de Deus, porque "este desígnio brota do 'amor fontal', isto é, da caridade de Deus Pai" (*AG* 2). Em outras palavras, a missão vem de Deus porque Deus é amor, um amor que não se contém, que transborda, que se comunica, que sai de si já com a criação do mundo, e consequentemente ao pecado da humanidade, com a história da salvação para reintegrar as criaturas na vida plena do Reino. Esse transbordar histórico da Trindade Imanente foi chamado de Trindade histórico-salvífica, que configura a missão de Deus (*missio Dei*). De alguma forma, o próprio Deus se autoenvia pela missão do Filho e do Espírito,

Este desígnio brota do "amor fontal", isto é, da caridade de Deus Pai, que, sendo o Princípio sem Princípio de quem é gerado o Filho e de quem procede o Espírito Santo pelo Filho, quis derramar e não cessa de derramar ainda a

---

através dos quais o próprio Pai se revela como amor (cf. Jo 14,9) (Cf. SUESS, Paulo. Missão como caminho, encontro, partilha e envio. Perspectiva, desafios e projetos. In: I CONGRESSO MISSIONÁRIO NACIONAL. *Igreja no Brasil, tua vida é missão*. Brasília: POM, 2003. pp. 54-55). Em suma, Deus é missão: a missão existe com Deus, diz respeito ao que Deus é e não, primeiramente, ao que Deus faz. Por tabela, a missão da Igreja não teria, a princípio, um seu porquê, não surgiria de uma necessidade histórica de sobrevivência ou de domínio, mas é um *impulso* gratuito, de dentro para fora, que teria como origem a participação à vida divina (cf. *DAp* 348).

A segunda palavra "mágica" de *AG* 2 é "missionária". A Igreja é por sua natureza *missionária*. Isso constitui uma reviravolta no próprio conceito de Igreja, que procede da *missio Dei*. Não é mais a Igreja que envia missionários em qualidade de "missionante", mas é ela própria enviada como "missionária". Seu envio não é consequência: é essência. A Igreja "é" ao ser enviada: se edifica em ordem à missão. Não é a missão que procede da Igreja, mas é a Igreja que procede da missão de Deus. A missão é antes de tudo: eis a mudança de paradigma. A eclesiologia, portanto, não precede a missiologia (Cf. BOSCH, *Missão transformadora*, p. 447). A atividade missionária não é tanto uma ação da Igreja, mas é simplesmente a Igreja em ação. Ou como, diria Moltmann, "não é uma igreja que 'tem' uma missão, mas ao contrário, na missão de Cristo que se cria uma Igreja. Não é uma missão que deve ser compreendida a partir da Igreja, mas o contrário" (MOLTMANN, Jürgen. *La Iglesia en la fuerza del Espíritu*. Salamanca: Sígueme, 1978. p. 26). Nisso se define a própria identidade da Igreja. O

bondade divina, criando-nos livremente pela sua extraordinária e misericordiosa benignidade, e depois chamando-nos gratuitamente a partilhar da sua própria vida e glória. Quis ser, assim, não só criador de todas as coisas mas também "tudo em todos" (1Cor 15,28), conseguindo simultaneamente a sua glória e a nossa felicidade. Aprouve, porém, a

---

Vaticano II bota literalmente a Igreja fora de casa, rumo à rua, nos caminhos da missão: eis sua morada (cf. Mt 9,58; Jo 1,39).

Dessas primeiras palavras da parte doutrinária do decreto missionário do Vaticano II podemos perceber como o eixo de compreensão muda sutilmente de uma finalidade soteriológica (missão é para *salvar* a humanidade) para uma ênfase de ordem puramente teológica: missão é porque Deus gratuitamente é assim. O começo do *Ad Gentes* é um espelho ao começo da *Lumen Gentium*: o ícone do Pai que projeta a Igreja (*LG* 2); o ícone do Filho que põe as bases e dá origem à Igreja (*LG* 3); o ícone do Espírito que constitui a Igreja (*LG* 4). *LG* 2 colocava em evidência a gradualidade do projeto do Pai; *AG* 2 avança e se concentra na raiz de tudo: o "amor fontal", a caridade do Pai. O documento *Diálogo e missão* (*DM*) (Importante documento do então Secretariado para os não Cristãos. *A Igreja e as outras religiões. Reflexões e orientações sobre diálogo e missão*. 1984. Disponível em: < http://www.vatican.va/ roman_curia/pontifical_councils/interelg/documents/rc_pc_interelg_doc_19840610_dialogo-missione_po.html>. Acesso 6 out. 2010) expande essa dimensão até torná-la ideia-chave de tudo. O capítulo I sobre a missão começa com a afirmação: "Deus é amor (1Jo 4,8-16). O seu amor salvífico foi revelado e comunicado aos homens em Cristo e está presente e ativo mediante o Espírito Santo. A Igreja deve ser o sinal vivo deste amor de modo a torná-lo norma de vida para todos" (*DM* 9). Pode-se notar a mesma impostação trinitária. O capítulo sucessivo explicita a fundação trinitária do diálogo retomando o

Deus chamar os homens a esta participação na sua vida, não só de modo individual e sem nenhuma solidariedade mútua, mas constituindo-os num povo, em que os seus filhos que estavam dispersos se congregassem em unidade.[2]

A missão do Filho

3. Este desígnio universal de Deus para a salvação do gênero humano realiza-se não somente de modo quase secreto na mente humana, ou por iniciativas, também religiosas, pelas quais os homens de mil maneiras buscam a Deus, no esforço de conseguir chegar até ele ou encontrá-lo, embora ele não esteja longe de cada um de nós (cf. At 17,27); com efeito, estes esforços precisam ser iluminados e purificados, embora, por benigna

---

[2] Cf. Jo 11,52.

---

tema do amor do Pai: "Em Deus Pai nós contemplamos um amor proveniente, sem limites de espaço nem de tempo. O universo e a história estão repletos dos seus dons. Todas as realidades e todos os acontecimentos estão envolvidos pelo seu amor" (*DM* 22). Essa é a origem de toda missão: a extensão ilimitada do amor do Pai.

AG 3: Dessa extensão do amor do Pai se passa à penetração da realização histórica desse amor no Filho. Deus ama não apenas misteriosa e secretamente, mas também concretamente, encarnando-se pontualmente numa situação humana. O *Ad Gentes* afirma a centralidade de Jesus Cristo para a salvação de todos e para a restauração de todas as coisas. A *Gaudium et Spes* retomará essa centralidade de maneira ainda mais decisiva e esclarecedora, exatamente no meio de seu tratado, quase como um ápice do documento:

"O Senhor é o fim da história humana, o ponto para o qual tendem as aspirações da história e da civilização, o centro do

determinação da providência de Deus, possam algumas vezes ser considerados como pedagogia ou preparação evangélica para o Deus verdadeiro.[3] Para estabelecer a paz ou a comunhão com ele e uma sociedade fraterna entre os homens, apesar de pecadores, Deus determinou entrar de modo novo e definitivo na história dos homens, enviando o seu Filho na nossa carne para arrancar, por meio dele, os homens ao poder das trevas e de satanás[4] e

---

[3] Cf. Santo Ireneu, Adv. Haer. III, 18, 1: "O Verbo que existe junto de Deus, por quem foram feitas todas as coisas, e que sempre estava presente ao gênero humano": PG 7, 932; Id. IV, 6, 7: "Com efeito, o Filho, presente desde a primeira hora à sua obra, a todos vai revelando o Pai, a quantos, quando e do modo que o Pai quer" (ibid. 990); cf. IV, 20, 6 e 7 (ibid. 1037); Demonstratio n. 34: Patr. Or., XII, 773; Sources Chrét., 62, Paris 1958, p. 87: S. Clemente de Alexandria, Protrept., 112, 1: GCS Clemens I, 79; Strom. VI, 6, 44, 1: GCS Clemens II, 453; 13, 106, 3 e 4 (ibid. 485). Para a mesma doutrina, cf. Pio XII: Radiomensagem de 31 dez. 1952; Const. dogm. Lumen gentium, 16.

[4] Cf. Cl 1,13; At 10,38.

---

gênero humano, a alegria de todos os corações e a plenitude das suas aspirações. Foi ele que o Pai ressuscitou dos mortos, exaltou e colocou à sua direita, estabelecendo-o juiz dos vivos e dos mortos. Vivificados e reunidos no seu Espírito, caminhamos em direção à consumação da história humana, a qual corresponde plenamente ao seu desígnio de amor: 'Recapitular todas as coisas em Cristo, tanto as do céu como as da terra' (Ef 1,10)" (*GS* 45).

Cristo não é somente a meta final de toda alma, aconchego para o coração do fiel, nem um simples exemplo de vida para as pessoas, mas é o "fim da história": a família humana, na sua globalidade, está a caminho em direção ao seu fim e à sua perfeição. Todo o gênero humano junto com o universo inteiro deseja e está orientado para Cristo. Trata-se de uma afirmação de imensa importância, porque revela não apenas o fim do divórcio entre Igreja e história, indivíduo e mundo, nações e família humana, mas também a superação decidida e inequívoca entre uma ordem

nele reconciliar o mundo consigo.[5] Constituiu, portanto, herdeiro de todas as coisas aquele por quem fizera tudo,[6] para nele tudo restaurar.[7]

De fato, Jesus Cristo foi enviado ao mundo como verdadeiro mediador entre Deus e os homens. Como é Deus, nele habita corporalmente toda a plenitude da divindade (Cl 2,9); e, sendo o novo Adão pela sua natureza humana, é constituído cabeça da humanidade renovada, cheio de graça e de verdade (Jo 1,14). Assim, o Filho de Deus, pelo caminho de verdadeira Encarnação, veio para fazer os homens participantes da natureza divina, e, sendo rico, fez-se por nós necessitado para que nos tornássemos ricos

---

[5] Cf. 2Cor 5,19.

[6] Cf. Hb 1,2; Jo 1,3 e 10; 1Cor 8,6; Cl 1,16.

[7] Cf. Ef 1,10.

---

natural e uma ordem sobrenatural em relação ao destino da humanidade e do cosmo.

À luz dessa declaração podemos interpretar o tema da preparação evangélica, avançado aqui em *AG 3*, de maneira muito positiva: toda a história humana é uma preparação ao Evangelho. Muitas iniciativas humanas, culturais, religiosas, sociais, políticas "podem ser às vezes consideradas pedagogia ao verdadeiro Deus", embora precisem sempre ser corrigidas e iluminadas. Por isso Deus entra na história de maneira nova e definitiva, enviando seu Filho "como verdadeiro mediador entre Deus e os seres humanos". Os termos usados para descrever o evento Jesus para a história da salvação são: novo, definitivo, verdadeiro, e não exclusivo e absoluto. Absoluto é só Deus em seu mistério infinito (Cf. DUPUIS, Jacques. *O cristianismo e as religiões*; do desencontro ao encontro. São Paulo: Loyola, 2004. p. 224-225). É necessário aqui compreender a pessoa de Jesus Cristo dentro das

da sua pobreza.[8] O Filho do Homem não veio para que o servissem, mas para ser ele a servir e para dar até a sua vida em redenção por muitos, isto é, por todos.[9] Os santos Padres constantemente proclamam nada ter sido remido que não tivesse sido primeiro assumido por Cristo.[10] Ora

---

[8] Cf. 2Cor 8,9.

[9] Cf. Mc 10,45.

[10] Cf. Santo Atanásio, Ep. ad Epictetum 7: PG 26, 1060; S. Cirilo de Jerusalém, Catech. 4, 9: PG 33; 465; Mário Victorino, Adv. Arium, 3, 3: PL 8 1101: S. Basílio, Epist. 261, 2: PG 32, 969; S. Gregório Nazianzeno Epist. 101: PG 37, 181; S. Gregório Nisseno, Antirrheticus; Adv. Apollin. 17: PG 45, 1156; Santo Ambrósio, Epist. 48, 5: PL, 16, 1153; Santo Agostinho, In Joan. Ev. tratado XXIII, 6: PL 35, 1585; Cchr 36, 236; além disso, mostra deste modo como não foi o Espírito Santo que nos redimiu, visto que não se encarnou: De Agone Christ. 22, 24: PL 40, 302; S. Cirilo de Alexandria, Adv. Nestor. I, 1: PG 76, 20; S. Fulgêncio, Epist. 17, 3, 5: PL 65, 454; Ad Trasimundum III, 21: PL 65, 284: da tristeza e do temor.

---

relações trinitárias: Jesus é Deus enquanto manifestação do Pai pela força do Espírito Santo. Isso ajuda a evitar qualquer *cristomonismo*, absolutamente desviante para uma fé cristã realmente cristocêntrica.

Contudo, Jesus revela autêntica e definitivamente Deus e quer que todos participem da natureza divina. Por isso tornou-se pobre:

"A prova maior da ortodoxia cristã está na pobreza de Deus que substitui as palavras pela Palavra que se fez carne, Palavra que revela e esconde. A ortodoxia cristã se reveste não de eficácia, nem de obras quantificáveis, mas de sinais de pobreza do próprio Deus: encarnação, cruz e Eucaristia. 'A pobreza é a verdadeira aparição divina da verdade', escreveu o então Cardeal Ratzinger. E a pobreza não é algo abstrato. Ela tem personalidade e subjetividade. Lugar da epifania de Deus são os crucificados da história. Neles, a Igreja reconhece 'a imagem de seu Fundador pobre e sofredor' (*LG* 8c)" (SUESS, Paulo. Francisco Xavier: 550 anos de

ele assumiu por inteiro a natureza humana tal qual ela existe em nós, pobres e miseráveis, rejeitando dela apenas o pecado.[11] De si mesmo disse Cristo, a quem o Pai santificou e enviou ao mundo (cf. Jo 10,36): "O Espírito do Senhor está sobre mim; por isso me ungiu e me enviou a anunciar a boa-nova aos pobres, a sarar os contritos de coração, a proclamar a libertação dos cativos e a restituir a vista aos cegos" (Lc 4,18). E outra vez: "Veio o Filho do Homem para buscar e salvar o que estava perdido" (Lc 19,10).

Aquilo que uma vez foi pregado pelo Senhor ou aquilo que nele se operou pela salvação do gênero humano deve

---

[11] Cf. Hb 4,15; 9,28.

---

desafio com o diálogo inter-religioso. *Perspectiva teológica*, 39/jan-abr 2007, pp. 65-66).

A pobreza não é apenas um meio incarnacional: é a substância da missão de Deus, pois Ele veio não para ser servido, mas para servir (cf. Mc 10,45). Jesus oferece uma visão surpreendentemente nova de Deus: apresenta-nos um Deus que não pede sacrifícios, ele se sacrifica por nós; não pede oferendas, ele oferece a própria vida; não tira o pão da boca dos pobres, ele se torna pão para saciar multidões (Cf. MAGGI, Alberto. Perché scegliere Gesú? *Testimoni* 3/2010, p. 27). É a exata inversão da noção de Deus "todo-poderoso". Ao contrário, Deus revela em Jesus seu rosto profundamente humano na aproximação a qualquer condição humana. Por isso, precisa ser proclamado e difundido até os confins do mundo, começando por Jerusalém: Jesus convida qualquer pessoa, Igreja, povo, sociedade a repensar Deus a partir dEle próprio, dessa sua vida e dessa sua missão, como Filho de Deus e Filho do Homem: "A todos nos toca recomeçar a partir de Cristo" (*DAp* 12).

ser proclamado e espalhado até aos confins da terra,[12] começando por Jerusalém,[13] de modo que tudo quanto foi feito uma vez por todas, pela salvação dos homens, alcance o seu efeito em todos, no decurso dos tempos.

A missão do Espírito Santo

4. Para isso, precisamente, enviou Cristo o Espírito Santo desde o seio do Pai, para realizar no interior das almas sua obra salvadora e impelir a Igreja à sua própria dilatação. Não há dúvidas de que o Espírito Santo já atuava no mundo antes de Cristo ser glorificado.[14] Contudo, foi

---

[12] Cf. At 1,8.

[13] Cf. Lc 24,47.

[14] Foi o Espírito que falou pelos Profetas: Symbol. Constantinopol. Denz.-Schoenmetzer, 150; S. Leão Magno, Sermo 76: PL 54, 405-406: "Quando o Espírito Santo encheu os discípulos do Senhor no dia de Pentecostes, não foi então o começo da sua missão, mas um acréscimo de largueza: porque já os patriarcas, os profetas, os sacerdotes, e todos os santos que houve antigamente, foram robustecidos pela santificação do mesmo Espírito, [...] embora não fosse a mesma a medida dos dons". Também Sermo 77, 1: PL 54, 412. — Leão XIII, Encicl. Divinum illud: ASS (1897), 650-651. Também S. João Crisóstomo, ainda que insista na novidade da missão do Espírito Santo no dia de Pentecostes: In Eph. e. 4, Hom. 10, 1: PG 62, 75.

AG 4: O projeto do Pai retoma a estrada do alargamento a partir do "ponto de plenitude" de Jesus; adquire o sentido de um processo de reprodução sempre fiel, mas também sempre nova e criativa, do ícone de Cristo. O Espírito Santo tem a verdadeira função de criador. Em oposição a certa tendência da tradição que fala de "Igreja templo do Espírito" (quase Este sendo apenas hóspede dela), a *Lumen Gentium* e o *Ad Gentes* atribuem ao Espírito ações que o caracterizam como criador: "O Espírito aparece mais como verbo que como substantivo; é, antes de mais nada, ação, dinamismo" (CODINA, Victor. *Não extingais o Espírito*. São Paulo: Paulinas, 2010. p. 23).

no dia de Pentecostes, em que desceu sobre os discípulos para ficar para sempre com eles,[15] que a Igreja foi publicamente manifestada diante de grande multidão, que a difusão do Evangelho entre os gentios, por meio da pregação, teve o seu início, e que, finalmente, foi prefigurada a união dos povos na catolicidade da fé por meio da Igreja da nova Aliança, que fala em todas as línguas e todas as línguas entende e abraça na sua caridade, superando assim a dispersão de Babel.[16] Pelo Pentecostes começaram "os atos

---

[15] Cf. Jo 14,16.

[16] De Babel e o Pentecostes falam muitas vezes os santos Padres: Orígenes, In Genesim, c. 1: 12, 112; S. Gregório Nazianzeno, Oratio 41, 16: PG 36, 449; S. João Crisóstomo, Hom. 2 in Pentec. 2: PG 50, 467; In Act. Apost.: PG 60, 44 Santo Agostinho, Enn. in Ps. 54, 11: PL 36, 636; Cchr. 39, 664s. Sermo 271: PL 38, 1245; S. Cirilo de Alexandria, Glaphyra in Genesim II: PG 69, 79; S. Gregório Magno, Hom. in Evang., Lib. II, Hom. 30, 4: PL 76, 1222, S. Beda, in Hexaem., Lib. III: PL 91, 125. Veja-se também a imagem que existe no átrio da Basílica de S. Marcos de Veneza.

A Igreja fala todas as línguas, e assim a todos acolhe na catolicidade da fé: Agostinho, Sermones 266, 267, 268, 269: PL 38, 1225-1237, Sermo 175, 3: PG 38, 946; S. João Crisóstomo, In Epist. I ad Cor., Homil. 35. PG 61, 296: S. Cirilo de Alexandria, Fragm. in Act.: PG 74, 758; S. Fulgêncio, Sermo 8, 2-3; PL 65, 743-744.

Acerca do Pentecostes como consagração dos Apóstolos para a missão, cf. J. A. Cramer, Catena in Acta SS. Apostolorum, Oxford, 1838, p. 24s.

Deus é amor. Ele quer amar entrando em contato com a humanidade e o faz através de seu Espírito que "sopra onde quer" (Jo 3,8). *AG* 4 diz que Ele "já atuava no mundo antes da glorificação de Cristo". No Antigo Testamento o termo hebraico *ruah* ("espírito", "vento", "sopro") tem sua origem etimológica numa raiz, comum a muitas línguas antigas do Oriente Médio, que significa "espaço" (Cf. MARALDI, Valentino. La missione personale dello Spirito Santo nella Storia. *Ad Gentes* 1/1997, pp. 41-42). Essa parentela entre sopro e espaço é muito sugestiva. Indica o espaço atmosférico entre o céu e a terra, movido por sopros, ares e ventos: um espaço dinâmico no qual o homem está envolvido,

dos Apóstolos", como pela descida do Espírito Santo sobre Maria fora concebido Cristo, e como pela descida do mesmo Espírito Santo sobre Cristo, quando orava, fora o Senhor impelido à obra do seu ministério.[17] O próprio Senhor Jesus, antes de imolar livremente a sua vida pelo mundo,

---

[17] Cf. Lc 3,22; 4,1; At 10,38.

---

que permeia e permite a ele respirar e viver. Quando se fala de *ruah* de Deus — que se manifesta na criação (cf. Gn 1,2), que suscita os juízes (cf. Jz 3,10), que move os profetas (cf. Is 61,1), que repousa sobre o rei (cf. 1Sm 16,13), que desce sobre o Messias (cf. Is 11,2), que pousa sobre os membros do povo (cf. Nm 11,25-26) — entende-se sempre a vontade gratuita de Deus de entrar em relação com a criação e, particularmente, com a humanidade, *dando espaço* para que ela participe da vida divina.

No Novo Testamento essa ação do Espírito tem sempre uma orientação cristológica. Está presente desde a concepção em Maria (cf. Lc 1,35) até a missão da Igreja nos últimos confins: prepara e leva a termo a missão de Jesus (cf. Lc 4,18); é dom do ressuscitado (cf. Jo 20,22); suscita a fé e conduz ao conhecimento de Jesus (1Cor 12,3); a revelação se torna efetiva somente.por obra dEle (Jo 16,7). Particularmente, o Espírito se torna protagonista da missão aos povos. Ele concebe, precede, acompanha e dirige a ação da Igreja. Podemos afirmar mais ainda: a Igreja nasce desta missão dirigida pelo Espírito. Ela não nasce antes da missão, mas é a missão que se apresenta como a grande mãe da Igreja.

O livro dos Atos dos Apóstolos, melhor seria "Atos do Espírito Santo", nos apresenta um percurso muito nítido, em sete etapas, do nascimento da Igreja em resposta à missão que lhe foi confiada: (1) antes de Pentecostes, encontramos um grupo acanhado aguardando a restauração do Reino de Israel (cf. At 1,6); (2) em Pentecostes, o Espírito desce sobre os apóstolos, que começam a

de tal maneira dispôs o ministério apostólico e prometeu enviar o Espírito Santo, que a ambos associava na tarefa de levar a cabo sempre e em toda a parte a obra da salvação.[18] O Espírito Santo é quem "unifica na comunhão e

---

[18] Cf. Jo c. 14-17; Paulo VI, Alocução proferida no Concílio no dia 14 de setembro de 1964: AAS 56 (1964), 807.

---

anunciar, mas somente aos judeus (cf. At 2,5); (3) com a pregação de Estêvão começa a avançar a convicção de que o Evangelho precisa ir mais além (cf. At 7); (4) Filipe prega na Samaria e converte o eunuco etíope (cf. At 8); (5) Pedro encontra o centurião Cornélio, e o Espírito desce também sobre os pagãos (cf. At 10); (6) em Antioquia, o Evangelho é anunciado também aos pagãos e os membros da comunidade recebem o nome de "cristãos" (cf. At 11,26); (7) a Igreja recém-nascida, como organização distinta da sinagoga, se molda aos poucos em torno da tarefa missionária que une, alimenta e focaliza suas energias (cf. At 13–28) (Para esse esquema veja: BEVANS, Stephen B.; SCHROEDER, Roger P. *Constants in context*; a theology of mission for today. New York: Orbis Book, 2004).

O livro dos Atos nos mostra concretamente por que a Igreja é por sua natureza missionária: ela literalmente é gerada pela missão, conduzida passo a passo pelo Espírito, numa missão pessoal dEle. Esse Espírito é a outra missão do Pai: uma é a do Filho, a outra do Espírito. As duas missões estão intimamente associadas, distintas mas complementares, ordenadas ao projeto do Pai de vivificar o ser humano e fazê-lo conforme à sua imagem divina. Santo Ireneu fala das duas mãos estendidas do Pai: o Filho e o Espírito. Uma age pela encarnação-manifestação-transcendência, a outra pela efusão-escondimento-imanência, conjuntamente no mundo e na história (cf. *GS* 22).

A missão do Espírito aponta sempre para uma missão extática, quer dizer um sair de si (*ex-stare*) para tornar-se dom para o

no ministério, e enriquece com diversos dons hierárquicos e carismáticos"[19] toda a Igreja através dos tempos, dando vida às instituições eclesiásticas,[20] sendo como que a alma delas, e instilando nos corações dos fiéis aquele mesmo espírito de missão que animava o próprio Cristo. Por vezes precede visivelmente a ação apostólica,[21] como também incessantemente a acompanha e dirige de vários modos.[22]

A Igreja enviada por Cristo

5. O Senhor Jesus, logo desde o princípio, "chamou a si os que ele queria [...] e constituiu Doze, para que

---

[19] Cf. Const. dogm. Lumen Gentium, 4.

[20] Santo Agostinho, Sermo 267, 4, PL 38, 1231: "O Espírito Santo faz em toda a Igreja o que a alma faz em todos os membros dum mesmo corpo". Cf. Const. dogm. Lumen gentium, 7 (com a nota 8).

[21] Cf. At 10,44-47; 11,15; 15,8.

[22] Cf. At 4,8; 5,32; 8,26.39; 9,31; 10; 11,24.28; 13,2.4.9; 16,6-7; 20,22-23; 21,11 etc.

---

outro. O Espírito sai de si não apenas para oferecer os sete dons, mas também para doar a si mesmo. E como Deus, no Espírito, sai de si para doar a si mesmo, também a Igreja é chamada continuamente a essa saída para doar-se ao outro e entrar em comunhão com o outro. Esse movimento se dirige rumo a um cumprimento: "A união dos povos na catolicidade da fé, por intermédio da Igreja da Nova Aliança, que fala, compreende e engloba todas as línguas, superando a dispersão de Babel" (AG 4). Mais uma vez a universalidade se repropõe como finalidade, mas também como a alma da própria missão. Do mesmo modo que a Igreja primitiva, conduzida pelo Espírito, teve que romper com a casca da tradição judaica e ir ao encontro dos pagãos, também a Igreja hoje é chamada a ir ao encontro das pessoas e dos povos além de todas as fronteiras.

AG 5: Eis então a missão da Igreja enviada aos povos para proclamar a fé e a salvação em Cristo, "em obediência ao

ficassem com ele para enviá-los a pregar" (Mc 3,13).[23] Os apóstolos foram assim a semente do novo Israel e ao mesmo tempo a origem da sagrada hierarquia. Depois, realizados já definitivamente, em si, pela sua morte e ressurreição, os mistérios da nossa salvação e da renovação do universo, o Senhor, com todo o poder que adquiriu no céu e na terra,[24] antes de subir ao céu,[25] fundou a sua Igreja como sacramento de salvação e enviou os seus apóstolos a todo o mundo assim como ele tinha sido enviado pelo Pai,[26] dando-lhes este mandato: "Ide, portanto, e fazei que todas as nações se tornem discípulos, batizando-as em nome do Pai, e do Filho e do Espírito Santo, e ensinando-as a observar tudo quanto vos orde-

---

[23] Mc 3,13; cf. Mt 10,1-42.

[24] Cf. Mt 28,18.

[25] Cf. At 1,11.

[26] Cf. Jo 20,21.

---

mandamento de Cristo e movida pela graça e pelo amor do Espírito Santo". Aqui temos as duas missões: a do Filho e a do Espírito. Temos também esboçadas duas perspectivas missionárias do Novo Testamento. A primeira, que poderíamos indicar como típica de Mateus e de Paulo, remonta ao grande mandato missionário de Jesus de *envio* de missionários (cf. Mt 28,18-20 e Mc 16,15-16). A segunda segue a tradição de Lucas e João, que vê na ação misteriosa do Espírito não um *envio* mas sim uma *atração* de uma vontade providencial que quer a salvação de todos (Cf. COLZANI, Gianni. Le molteplici figure del missionário. *Ad Gentes* 1/2010, pp. 17-20).

A primeira perspectiva coloca em evidência o protagonismo voluntarista dos discípulos missionários: "Como poderão ouvir, se não houver quem o anuncie? como poderão anunciar, se ninguém for enviado?" (Rm 10,14-15). Eles recebem uma ordem de

nei" (Mt 28,19-20); "Ide, por todo o mundo, proclamai o Evangelho a toda criatura. Aquele que crer e for batizado será salvo; o que não crer será condenado" (Mc 16,15). Daí vem à Igreja o dever de propagar a fé e a salvação de Cristo, quer em virtude do expresso mandamento que a ordem dos bispos ajudada por presbíteros em união com o sucessor de Pedro e sumo pastor da Igreja, herdou dos apóstolos, quer em virtude da vida comunicada aos seus

---

Jesus. Paulo dirá que anunciar o Evangelho foi uma obrigação que lhe foi imposta (cf. 1Cor 9,16). O sucesso da missão *depende* da resposta e da ação da própria Igreja enviada a "fazer discípulos" (Mt 28,19), que não quer dizer fazer seguidores ou prosélitos, mas "praticantes da Palavra" (Para um aprofundamento desta perspectiva veja: RASCHIETTI, Stefano. Ser e fazer discípulos missionários. Uma leitura do Documento de Aparecida a partir do mandato missionário de Mateus. *Revista Eclesiástica Brasileira*, Petrópolis, n. 268, pp. 929-948, out. 2007). Com efeito, o discipulado se traduz num caminho de adesão a uma prática de vida e de missão, feito de suor e sacrifício (cf. 1Ts 1,3), de erros e de acertos, de esforço e de determinação, e não, primeiramente, na assimilação de uma doutrina (cf. Mt 7,21-23). Trata-se de uma superação que apela para a força de vontade. Autores como Mateus não ignoram a vida no Espírito, mas como garantia de autenticidade essa vida precisa produzir frutos concretos. Para essa visão teológica, uma nova prática de vida fundamentada numa peculiar experiência de Deus Pai, que nos chama de "filhos" e, portanto, irmãos entre nós, é a proposta de salvação para todas as nações.

A segunda perspectiva chama em causa a ação do Espírito (cf. Lc 24,49). A salvação depende muito mais da transcendência e da liberdade da ação divina. A necessidade de uma ação eclesial em fazer discípulos não determina e não submete de forma alguma a *missio Dei*. Deus permanece independente: ele salva quem

membros por Cristo, "cujo Corpo, em sua inteireza, bem ajustado e unido por meio de toda junta e ligadura, com a operação harmoniosa de cada uma de suas partes, realiza o seu crescimento para a sua própria edificação no amor" (Ef 4,16). A missão da Igreja realiza-se, pois, mediante a operação pela qual, em obediência ao mandamento de Cristo e aos impulsos da graça e da caridade do Espírito Santo, ela se torna atual e plenamente presente a todos

---

quiser, quando quiser e da maneira que quiser, sem necessariamente precisar de uma nossa participação. Para essa visão o discípulo missionário é simplesmente uma *testemunha* (cf. Lc 24,48; At 1,8), ou seja, não é chamado a fazer nada, mas somente dizer o que Deus fez e continua fazendo, testemunhando o que ouviu, viu, contemplou e apalpou (cf. 1Jo 1,1). Exatamente como num tribunal, a testemunha não é nem réu nem vítima, não fez nada: simplesmente é chamada a dizer o que sabe. Nesse contexto, a dinâmica missionária não fica por conta de um *envio*, mas mais por conta de uma *atração* exercitada pela própria ação divina (cf. Jo 12,32). A ênfase está no protagonismo dessa ação divina que se manifesta também na vida testemunhal da comunidade que atrai: "A Igreja cresce, não por proselitismo mas por 'atração': como Cristo 'atrai tudo para si' com a força do seu amor. A Igreja atrai quando vive em comunhão, pois os discípulos de Jesus serão reconhecidos se amarem uns aos outros como Ele nos amou (cf. Rm 12,4-13; Jo 13,34)" (*DAp* 159).

Os dois modelos neotestamentários não são necessariamente conflitantes. Podem obviamente encontrar relevâncias diferentes em diversos contextos e situações, como também várias formas de complementaridade. Com efeito, ambos são lembrados na fundamentação da missão da Igreja e se refazem, por certa analogia, às missões do Filho (envio) e do Espírito (atração). Isso nos convida continuamente a não nos fecharmos numa

os homens e povos para os conduzir à fé, liberdade e paz de Cristo, não só pelo exemplo de vida e pela pregação, mas também pelos sacramentos e pelos restantes meios da graça, de tal forma que lhes fique aberto um caminho livre e seguro para participarem plenamente no mistério de Cristo.

Continuando esta missão e explicitando através da história a missão do próprio Cristo, que foi enviado a evangelizar os pobres, a Igreja, movida pelo Espírito

---

compreensão monolítica de missão, apenas chamando em causa uma das tradições, mas articularmos criativamente nossa reflexão à luz da Palavra de Deus, discernindo os sinais dos tempos.

A Igreja é enviada aos povos, portanto, para anunciar e atrair. Sim, mas qual Igreja? Em *AG* 5 os chamados para essa tarefa missionária parecem ser apenas os membros da hierarquia da Igreja e não todo o Povo de Deus. Como é possível que tenha passado um tal conceito? Certas afirmações podem encontrar um contraponto em *LG* 17: "Incumbe a cada discípulo de Cristo o dever de disseminar a fé". Contudo, o termo "apóstolos" em *AG* 5 é referido tanto aos "rebentos do Novo Israel" (o Povo de Deus) como também à "origem da hierarquia sagrada". Consequentemente, confiar a tarefa missionária somente à ordem episcopal não deve ser entendido de maneira exclusiva. Os bispos, porém, devem sentir-se como que os primeiros convocados para a fundamental tarefa missionária de conduzir todas as pessoas e os povos à fé, à liberdade e à paz de Cristo.

Sim, mas de que maneira? O último parágrafo de *AG* 5 traz mais uma importantíssima passagem paralela ao conceito já expresso em *AG* 3: "A Igreja deve seguir o mesmo caminho [de Cristo] de pobreza, obediência, serviço e de imolação de si mesma até a morte". Esse é o caminho martirial de descolonização da missão que a Igreja na América Latina percorreu, a partir de Medellín

Santo, deve seguir o mesmo caminho de Cristo: o caminho da pobreza, da obediência, do serviço e da imolação própria até à morte, morte de que ele saiu vencedor pela sua ressurreição. Foi assim também que todos os apóstolos caminharam na esperança, completando com muitos sofrimentos e fadigas o que faltava nas tribulações de Cristo pelo seu corpo que é a Igreja.[27] Muitas vezes, mesmo, a semente foi o sangue dos cristãos.[28]

A atividade missionária

6. Esta tarefa que deve ser levada a cabo pela ordem dos bispos, presidida pelo sucessor de Pedro, e com a oração e a cooperação de toda a Igreja, é uma e a mesma em toda a parte, sejam quais forem os condicionamentos, embora difira quanto ao exercício conforme as

---

[27] Cf. Cl 1,24.
[28] Tertuliano, Apologeticum, 50, 13: PL 1, 534 Cchr. I, 171.

(1968), com a opção preferencial pelos pobres: "A pobreza da Igreja e de seus membros na América Latina deve ser sinal e compromisso: sinal do valor inestimável do pobre aos olhos de Deus; compromisso de solidariedade com os que sofrem" (*Medellín*, A pobreza da Igreja, 7). Isso significou para a Igreja da América Latina um deslocamento fundamental, uma radical *saída de si*, em termos de perceber e questionar a realidade do mundo do ponto de vista das vítimas, dos crucificados e dos injustiçados.

AG 6: Aos poucos o discurso sobre a missão se afunila da *missio Dei* até chegar, finalmente, à atividade missionária "no sentido estrito". Em outras palavras, aqui o problema é a passagem da única missão às suas diversas e complexas formas: da *missão* às *missões*. Esse foi o embate de todo o documento, em sua fase de elaboração. *AG* 6 aborda esse tema a partir da qualificação

circunstâncias. Mas as diferenças que nesta atividade da Igreja se têm de reconhecer não se originam na íntima natureza da missão, mas nos condicionamentos em que essa missão se exerce.

Esses condicionamentos tanto podem depender da Igreja como dos povos, dos agrupamentos ou até dos indivíduos, a quem a missão se dirige. A Igreja, de fato, mesmo possuindo a totalidade ou a plenitude dos meios de salvação, nem sempre nem imediatamente atua ou pode atuar de modo completo: na sua ação e no seu esforço de levar a efeito os desígnios de Deus, vai por tentativas e por passos. Às vezes até, depois de um avanço, felizmente alcançado, vê-se infelizmente obrigada a deplorar de novo uma regressão, ou, pelo menos, a demorar-se em certo estádio de desigualdade e insuficiência. Quanto aos

---

da atividade missionária específica e da qualificação em relação às outras formas de ação eclesial. Esse número terá seus valiosos desdobramentos pós-conciliares, particularmente no Documento de *Puebla* (*Puebla* 362-369) e na *Redemptoris Missio* (*RMi* 31-40). Contudo, o pensamento conciliar, fruto de possíveis negociações entre várias tendências, está todo na afirmação de que a tarefa missionária da Igreja "é a mesma e uma só, realizada em todas as partes do mundo e em todas as situações pelos bispos, sob a presidência do sucessor de Pedro, conjuntamente com a oração e a colaboração de toda a Igreja". Portanto, "as diferenças que nesta atividade da Igreja se têm de reconhecer não se originam na íntima natureza da missão, mas nos condicionamentos em que essa missão se exerce".

O raciocínio é linear: falamos de atividade missionária *específica* ("no sentido estrito") não por uma questão de fundamento, mas por uma questão de *condiciones* históricas. A única missão da Igreja obriga evitar qualquer contraposição entre missões e

indivíduos, agrupamentos e povos, a esses só gradualmente os atinge e os penetra, e só assim os traz à plenitude católica. A cada condicionamento e cada estádio deve corresponder um agir apropriado, bem como apropriados instrumentos.

Às iniciativas particulares com que os pregoeiros do Evangelho, que vão pelo mundo inteiro enviados pela Igreja, executam o encargo de pregar o Evangelho e de implantar essa mesma Igreja entre os povos ou grupos que ainda não creem em Cristo, dá-se geralmente o nome de "missões". Essas "missões" são levadas a efeito pela atividade missionária e exercem-se ordinariamente em certos territórios determinados pela Santa Sé. O fim próprio desta atividade missionária é a evangelização e a implantação da Igreja nos povos ou grupos em que ainda não está

---

pastoral, entre missões *ad extra* (além-fronteiras) e missões *ad intra* (por exemplo: as missões populares). É necessário, do ponto de vista puramente prático, uma visão global da missão em todas suas possíveis ramificações, pelo simples fato de que a missão tem que ser compreendida teologicamente e não geograficamente: é a missão de Cristo que continua na Igreja, que não pode ser reduzida apenas a uma atividade em contextos específicos, por quanto heroica, dedicada e qualificada. Somente a partir destas perspectivas podemos chegar à conclusão de que a Igreja está toda ela num "estado permanente de missão" (*DAp* 551), porque é por sua natureza missionária (Cf. COLZANI, Gianni. *Teologia della missione*. Padova: Edizioni Messaggero, 1996. p. 106).

Uma e única é a missão histórica da Igreja. No meio desse discurso, a reintrodução de diferenças tem o valor de evitar absurdos nivelamentos entre as diversas situações, e de apontar concretos, urgentes e específicos desafios missionários para as Igrejas dos seis continentes. Se tudo é missão, nada é missão: o termo se

radicada.[29] Assim, a partir da semente da palavra de Deus, é necessário que se desenvolvam por toda parte Igrejas autóctones particulares, dotadas de forças próprias e maturidade, com hierarquia própria unida ao povo fiel, suficientemente dotadas de meios proporcionados a uma vida

---

[29] Já Santo Tomás de Aquino fala da função apostólica de implantar a Igreja: cf. Sent. Lib. I, dist. 16, q. 1, a. 2 ad 2 e ad 4; a. 3 sol., Summa Theol. I, q. 43, a. 7 ad 6; I-II, q. 106, a. 4 ad 4. Cf. Bento XV, Maximum illud, 30 nov. 1919: AAS (1919), 445 e 453; Pio XI, Rerum Ecclesiae, 28 fev. 1926: AAS (1926), 74; Pio XII, 30 abr. 1939 aos Diretores da OO. MM. PP.; Id. 24 jun. 1944 aos Diretores da OO. MM. PP.: AAS (1944), 210; de novo em AAS 1950, 727; 1951, 508; Id. 29 jun. 1948 ao clero indígena: AAS 1948, 374; Id. Evangelii Praecones, 2 jun. 1951: AAS 1951, 507; Id. Fidei Donum, 15 jan. 1957, 236; João XXIII, Princeps Pastorum, 28 nov. 1959: AAS 1959, 835; Paulo VI. Hom. 18 out. 1964: AAS (1964), 911.

Tanto os Sumos Pontífices como os santos Padres e os escolásticos falam muitas vezes da dilatação da Igreja; Santo Tomás de Aquino, Comm. in Math. 16,28: Leão XIII, Encícl. Sancta Dei Civitas: AAS (1880), 241; Bento XV, Encícl. Maximum illud: AAS (1919), 442; Pio XI, Encícl. Rerum Ecclesiae: AAS (1926), 65.

---

esvazia completamente de conteúdo existencial e de compromisso eclesial se for colocado apenas num patamar teórico, mesmo sendo de caráter teológico fundamental. O decreto *Ad Gentes* fala de condições concretas onde a missão se explicita mais: essas condições podem depender da situação das Igrejas (pequenas, frágeis, perseguidas, abandonadas, desestruturadas etc.), como também das situações das pessoas e dos povos (pobreza, violência, individualismo, indiferença religiosa, pertença a outras tradições religiosas etc.).

Essas diversas condições ou situações, que determinam diferenças qualitativas entre os vários campos de missão da Igreja, pois para cada um deles correspondem ações apropriadas e instrumentos adequados, introduz a definição específica de "missões":

"Às iniciativas particulares com que os pregoeiros do Evangelho, que vão pelo mundo inteiro enviados pela Igreja, executam o encargo de pregar o Evangelho e de implantar essa mesma Igreja cristã plena, contribuindo para o bem da Igreja universal. O meio principal desta implantação é a pregação do Evangelho de Jesus Cristo, pelo anúncio do qual o Senhor enviou pelo mundo inteiro os seus discípulos, a fim de que os homens, uma vez renascidos pela palavra de Deus,[30] fossem agregados pelo batismo à Igreja, a qual, como corpo do Verbo encarnado, nutre-se e vive da palavra de Deus e do pão eucarístico.[31]

Nesta atividade missionária da Igreja dão-se, por vezes, simultaneamente, estádios diversos: o de começo ou implantação, primeiro, e o de crescimento ou juventude, depois. Ultrapassados eles, não acaba, contudo, a ação missionária da Igreja, embora seja sobre as Igrejas

---

[30]   Cf. 1Pd 1,23.
[31]   Cf. At 2,42.

---

entre os povos ou grupos que ainda não creem em Cristo, dá-se geralmente o nome de 'missões'. Essas 'missões' são levadas a efeito pela atividade missionária e exercem-se ordinariamente em certos territórios determinados pela Santa Sé. O fim próprio desta atividade missionária é a evangelização e a implantação da Igreja nos povos ou grupos em que ainda não está radicada".

Aqui são retomados os conceitos de evangelização (primeiro anúncio), de implantação da Igreja, de territórios não cristãos (critério jurídico-territorial) e de destinatários específicos. Para chegar a essa definição se percorre o caminho da utilização de critérios teológico-jurídicos-pastorais misturados a recursos de ordem sociológica e antropológica para definir a missão "no sentido estrito". A necessária inclusão desses últimos, porém, evidencia de imediato certa fragilidade em delinear o rosto concreto das missões.

Essa imprecisão é retomada mais adiante, quando *AG* 6 chega a admitir que existem situações *mistas* de presença inconsistente

particulares já constituídas que recai o dever de continuar pregando o Evangelho a todos aqueles que ainda tenham ficado de fora.

Há que considerar também que as comunidades em que a Igreja vive, não raras vezes e por variadas causas, mudam radicalmente, de maneira a poderem daí advir condições de todo novas. Então, deve a Igreja ponderar se tais condicionamentos não exigem de novo a sua atividade missionária. Mais: por vezes, as circunstâncias são tais que não há possibilidades, por um tempo, de propor direta e imediatamente a mensagem evangélica: então é evidente que os missionários podem e até devem dar ao menos o testemunho da caridade e da beneficência de Cristo, pacientemente, com prudência e ao mesmo tempo grande

---

da Igreja, situações *novas* que nascem de mudanças socioculturais e de situações *temporárias* em que se torna impossível o anúncio do Evangelho. Puebla também falará de situações *permanentes* (indígenas e afro-americanos), *novas* (as periferias das grandes cidades) e *particularmente difíceis* (universitários, militares, operários, jovens, mundo da comunicação). Por sua vez, a *Redemptoris Missio*, em sua distinção entre *pastoral*, *nova evangelização* e *missão ad gentes*, deverá admitir que essas situações "não são facilmente identificáveis, e não se deve pensar em criar entre esses âmbitos barreiras ou compartimentos estanques" (*RMi* 34).

Como se pode perceber, as descrições são muito fluidas, talvez espelhando um pouco a complexidade do mundo atual. Em outras palavras, os critérios são ainda indefinidos para descrever a missão específica *ad gentes*. O debate metodológico do ingresso da sociologia e da antropologia no âmbito da discussão teológico-missionária da Igreja, particularmente no âmbito da vida da Igreja local num território definido, necessita de um sério aprofundamento. Não faltam autores que, mesmo advertindo desse

confiança. Assim, não só prepararão caminhos ao Senhor mas até o tornarão já de alguma maneira presente.

É, pois, evidente que a atividade missionária dimana intimamente da própria natureza da Igreja, cuja fé salvífica propaga, cuja unidade católica dilatando aperfeiçoa, em cuja apostolicidade se apoia, de cuja hierarquia exerce o sentido colegial, cuja santidade testemunha, difunde e promove. Igualmente, a atividade missionária entre gentios difere tanto da atividade pastoral que se exerce com os fiéis, como das iniciativas pela reunificação dos cristãos. Contudo, essas duas atividades andam estreitamente ligadas à atividade missionária da Igreja:[32] pois a divisão dos cristãos prejudica a santíssima causa de pregar

---

[32] Nesta noção de atividade missionária, como se vê, incluem-se também, quanto à substância, aquelas regiões da América Latina nas quais nem hierarquia própria, nem maturidade da vida cristã, nem uma pregação suficiente do Evangelho se dão ainda. Se, porém, estes territórios são de fato tidos pela Santa Sé como missionários, não depende do Concílio: por isso que, a propósito da conexão entre a noção de atividade missionária e certos territórios, se diz muito intencionalmente que esta atividade se exerce "geralmente" (plerumque) em certos territórios como tais reconhecidos pela Santa Sé.

---

problema, propõem identificar a missão ad gentes simplesmente com a proclamação querigmática do Evangelho, como sugere o próprio AG 6: "O meio principal desta implantação é a pregação do Evangelho de Jesus Cristo". Tratar-se-ia de distinguir o nível querigmático do nível didascálico do anúncio (Cf. ibid., pp. 107-108). Mas também aqui se podem entrever distinções práticas de complicada aplicação.

A questão de definir a missão nas missões está ainda aberta: sem dúvida se trata de uma operação necessária, que foi de alguma forma delineada em AG 6, quando diz que a atividade missionária ad gentes difere da atividade pastoral com os cristãos, como também do ecumenismo com os cristãos separados.

o Evangelho a toda criatura,[33] e fecha a muitos o acesso à fé. Por isso, por uma necessidade missionária, todos os batizados são chamados a unir-se num rebanho para assim poderem dar um testemunho unânime de Cristo, seu

---

[33] Decreto Unitatis Redintegratio, 1.

Contudo, essa definição ainda não satisfaz plenamente. As contribuições pós-conciliares chegarão às vezes para esclarecer e às vezes para complicar, mas jamais para fechar a questão de maneira definitiva.

Para terminar, o último parágrafo de *AG* 6 também precisa ser mencionado: a atividade missionária brota tão intimamente da própria natureza da Igreja que "desperta a hierarquia para o amor da colegialidade, dá testemunho, difunde e promove a (sua própria) santidade". Ela é a verdadeira alma da Igreja. No entanto, um grave prejuízo abala toda a causa missionária: a divisão dos cristãos. Ninguém como o missionário de fronteira sabe quanto isso pesa na obra de evangelização e de presença profética da Igreja entre os diversos povos. *AG* 6 faz votos para que todos os batizados, se "não podem ainda dar testemunho de uma só fé, é preciso que ao menos estejam animados de mútua estima e caridade".

Missão e ecumenismo continuam também como uma das questões prioritárias abertas. A missão, porém, mostrou-se sempre caminho para superar as divisões na busca recíproca do essencial, na liberdade sobre as coisas secundárias e na caridade em tudo. Tanto é verdade que o movimento ecumênico surgiu do movimento missionário com a famosa Conferência Missionária Mundial de Edimburgo, em 1910, considerada até hoje um marco da caminhada ecumênica. Idealizada e realizada por John Mott, este conclamava os líderes do protestantismo para a necessidade de cooperação entre as Igrejas no campo missionário, para além das diferenças confessionais.

Senhor, perante os gentios. Mas, se ainda não podem, de completo acordo, dar testemunho de uma só fé, é preciso que ao menos estejam animados de mútua estima e caridade.

Motivos e necessidade da ação missionária

7. A razão desta atividade missionária vem da vontade de Deus, que "quer que todos os homens sejam salvos e cheguem ao conhecimento da verdade. Pois há um Deus, e um só mediador entre Deus e os homens, um homem, Cristo Jesus, que se deu em resgate por todos" (1Tm

---

AG 7: Uma vez definido o âmbito da missão *ad gentes*, resta explicitar suas razões e suas reais necessidades: afinal, por que a missão *ad gentes*, quando há concretamente a possibilidade de se salvar pela livre iniciativa divina? A tese de Karl Rahner sobre os "cristãos anônimos" ("Cristão anônimo" para Rahner diz respeito àquela relação "de certa forma anônima, mas real de cada pessoa individual com a concretude da história da salvação — e, assim sendo, também com Jesus Cristo — existe e deve existir na pessoa, que ainda não fez, na fé e no sacramento, toda a experiência histórica concreta e expressamente refletida dessa realidade histórico-salvífica, mas que, todavia, possui de maneira apenas implícita, na obediência à sua orientação na graça, a relação existencial real com Deus da autocomunicação absoluta historicamente presente, à medida que essa pessoa aceita sem reservas sua própria existência, e precisamente no que aí, no risco dessa liberdade, não se pode calcular e controlar. Ao lado desse cristianismo anônimo, existe o cristianismo pleno, consciente de si mesmo na audição crente da palavra do Evangelho, na profissão de fé da Igreja, nos sacramentos e no exercício expresso da vida cristã, que se sabe em referência a Jesus de Nazaré" [RAHNER, Karl. *Curso fundamental*

2,4-6), "e não há salvação em nenhum outro" (At 4,12). Portanto, é preciso que todos se convertam a Cristo conhecido pela pregação da Igreja e que sejam incorporados, pelo batismo, a ele e à Igreja, seu corpo. O próprio Cristo, aliás, ao "inculcar por palavras expressas a necessidade da fé e do batismo,[34] confirmou também, por isso mesmo, a necessidade da Igreja, na qual os homens entram pelo batismo, que é como que a porta de entrada. Por isso, não se poderiam salvar aqueles que, não ignorando que Deus fundou, por intermédio de Jesus Cristo, a Igreja católica

---

[34]   Cf. Mc 16,16; Jo 3,5.

---

da fé. São Paulo: Paulus, 1989. pp. 360-361]) e as conclusões do Seminário de Bombay, na Índia, sobre o valor das religiões não cristãs, no final de 1964, tinham difundido muita incerteza a respeito. O Concílio rebate firmemente com a tese clássica da doutrina, que existe um só Deus e um só Mediador, e que a Igreja é necessária para a salvação.

Olhando bem para a realidade da missão *ad gentes*, sem esses dois pilares não há nenhum outro motivo possível para fundamentar a missão. Isso precisa ser afirmado de maneira categórica. Como então reafirmar esses princípios, no mundo de hoje, evitando qualquer fundamentalismo e exclusivismo? A respeito do primeiro, a reflexão teológica e a prática missionária juntam-se nesta busca, a partir da convicção de que Cristo permanece um mistério de fé que foge de nossa compreensão. Significativa é a conclusão da primeira sessão da Conferência de San Antonio (Conselho Mundial de Igrejas, 1990): "Não podemos indicar outra via de salvação a não ser Jesus Cristo; ao mesmo tempo, não podemos fixar limites ao poder salvífico de Deus [...]. Estamos conscientes desta tensão e não tentamos resolvê-la" (BOSCH, *Missão transformadora*, p. 583).

como necessária, não quisessem, apesar disso, entrar nela ou nela perseverar".[35] Por isso também, embora Deus, por caminhos que só ele sabe, possa conduzir à fé, sem a qual é impossível ser-se-lhe agradável,[36] os homens que ignoram o Evangelho sem culpa sua, incumbem à Igreja,[37] apesar de tudo, a obrigação e o sagrado direito de evangelizar, de tal forma que a atividade missionária conserva plenamente, hoje e sempre, toda a sua força e a sua necessidade.

---

[35] Cf. Const. dogm. Lumen Gentium, 14.

[36] Hb 11,7.

[37] 1Cor 9,16.

Nosso problema é que muitas vezes pretendemos anunciar como salvação para todos a *nossa compreensão* de Cristo, sempre aquém de seu mistério insondável de sua encarnação presente na sua Igreja. Participamos deste mistério à medida que procuramos uma assídua postura discipular de compreensão e contemplação da Palavra, uma adesão fraternal a uma comunidade de fé e uma prática jesuana de proximidade aos outros e aos pobres (cf. *DAp* 257), para comunicar vida em termos de humanidade, compaixão, gratuidade, fraternidade sem fronteiras como caminho de salvação. Desta maneira, nossa missão se torna mais testemunhal do que parenética, portanto, mais atrativa: "O homem contemporâneo escuta com melhor boa vontade as testemunhas do que os mestres" (*EN* 41).

A segunda afirmação, a necessidade da Igreja para a salvação, já é mais complexa. Ela vem de um dogma ("Fora da Igreja não há salvação" é um axioma dos Padres da Igreja, principalmente Cipriano, que, passando por Agostinho e seus discípulos, tornou-se um dogma no Concílio de Florença de 1442. Cf. DUPUIS, Jacques. *Verso una teologia cristiana del pluralismo religioso*. Brescia: Queriniana, 1998), reafirmado no *Catecismo da Igreja*

Por ela, o corpo místico de Cristo vai cobrando e organizando incessantemente as forças para seu crescimento.[38] Ao exercício desta atividade são impelidos sem cessar os membros da Igreja, pela caridade com que amam a Deus e com que desejam comunicar a todos os homens os bens espirituais tanto da vida presente como da futura.

Finalmente, por esta atividade missionária, Deus é plenamente glorificado, enquanto os homens por ela

---

[38] Cf. Ef 4,11-16.

Católica (*CEC* 846-848): "Fora da Igreja não há salvação". Essa sentença não inclui aqueles que sem culpa desconhecem Cristo e a Igreja (*CEC* 847), e também: "Deus pode por caminhos dele conhecidos levar à fé" (*CEC* 848). Se essas últimas duas afirmações forem verdadeiras, como o são, quer dizer que a Igreja não é tão necessária assim.

Por esse motivo, alguns teólogos, como Yves Congar (Cf. CONGAR, Yves. *La mia parrocchia, vasto mondo*; veritá e dimensioni della salvezza. Roma: Paoline, 1963. pp. 149-150), sugeriram abandonar esse axioma; outros, como Hans Küng, propuseram reformulá-lo agora de uma maneira positiva e não mais exclusiva: "Dentro da Igreja há salvação" (KÜNG, Hans. *La chiesa*. Brescia: Queriniana, 1969. p. 367). Contudo, se ainda alguma coisa podemos aprender com os Padres da Igreja, talvez tenha sentido recuperar o significado original de tal ditado. O testemunho dos Padres aponta para a Igreja como comunhão e fraternidade, colunas que devem sustentar a vivência cristã e seu papel profético na sociedade, muito mais que para a instituição. Fora do amor, portanto, fora da comunhão, fora da fraternidade, não há caminho de salvação. Neste sentido, o dogma recupera uma boa dose de profecia. Isto vale tanto para a caminhada da Igreja como também para a caminhada da humanidade.

recebem, plena e conscientemente, a obra de salvação que ele em Cristo levou a cabo. E assim se realizam por ela os desígnios de Deus, aos quais Cristo serviu com obediência e amor para glória do Pai que o enviou,[39] e para que todo o gênero humano forme um só Povo de Deus, se una num só corpo de Cristo, e se edifique num só templo do Espírito Santo: o que, ao restabelecer a concórdia fraterna, vem precisamente ao encontro das aspirações mais íntimas de todos os homens. Então se há de realizar deveras o intento do Criador, que criou o homem à sua imagem e semelhança, quando todos os que participam da natureza humana, regenerados em Cristo pelo Espírito Santo, puderem dizer, volvendo, concordes, o olhar para a glória de Deus Pai: "Pai nosso".[40]

---

[39] Cf. Jo 7,18; 8,30 e 44; 8,50; 17,1.

[40] Acerca desta ideia sintética, ver a doutrina de Santo Ireneu sobre a Recapitulação. Cf. também Hipólito, De Antichristo, 3: "Querendo a todos e desejando salvar a todos, querendo fazê-los um só homem perfeito" PG

As afirmações finais de *AG* 7 vão exatamente nesta direção: "A perspectiva de uma fraternidade universal envolvendo a todos corresponde à mais íntima aspiração da humanidade". Nunca como hoje os povos estão tão próximos uns dos outros. Nunca como hoje a sobrevivência recíproca é determinada por uma interdependência que pode ainda encontrar caminhos fraternos e saudáveis. Nunca como hoje precisamos falar em termos planetários de família humana para enfrentar os principais desafios que nos abrem ao futuro. A Igreja será aquele "sacramento universal de salvação" se souber oferecer ao mundo de hoje um testemunho de comunhão, de fraternidade e de nova sociedade intercultural, como era característico nas primeiras comunidades cristãs, apontando para todas as pessoas e todos os povos esse Evangelho de Jesus como caminho de salvação.

A ação missionária na vida e na história humana

8. A atividade missionária tem íntima conexão também com a própria natureza humana e suas aspirações. Com efeito, ao dar a conhecer Cristo, a Igreja revela, por isso mesmo, aos homens a genuína verdade da sua condição e da sua integral vocação, pois Cristo é o princípio e o modelo da humanidade renovada e imbuída de fraterno amor, sinceridade e espírito de paz, à qual todos aspiram. Cristo e a Igreja que dele dá testemunho pela

---

10, 732; GCS Hippolyt I, 2 p. 6; Benedictiones Jacob, 7: T. U., 38-1 p. 18, linha 4ss.; Orígenes, In Joann. Tom I, n. 16: "Então, sim, a única ocupação daqueles que chegarem até Deus será a de conhecer a Deus, presididos por aquele Verbo que está junto de Deus; para que assim todos os filhos sejam cuidadosamente formados no conhecimento do Pai, como o Filho que agora é o único que conhece o Pai": PG, 14, 49; GCS Orig. IV, 20; Agostinho, de Sermone Domini in monte, I, 41: "Estimemos tudo aquilo que pode ser conduzido conosco àquele reino, onde ninguém diz: meu Pai, mas todos dizem a um só Deus: Pai nosso": PL 34, 1250; S. Cirilo de Alexandria, in Joann., I: "Todos estamos em Cristo e nele revive a natureza comum da humanidade. Pois, por isso mesmo, foi chamado o novo Adão [...]. Com efeito, habitou entre nós aquele que por natureza é o Filho e Deus; por isso, no seu Espírito podemos chamar: Abba, Pai! Habita, de fato, o Verbo entre nós num templo único, que precisamente quis construir para si de algo nosso e por causa de nós, para que tendo-nos a todos em si mesmo, num só corpo, nos reconciliasse a todos com o Pai, como diz Paulo": PG 73, 161-164.

AG 8: Essa última perspectiva é retomada com decisão em *AG* 8, quando se fala da relevância da atividade missionária para a vida e a história da humanidade: "Cristo é o princípio e o modelo da humanidade renovada". E ainda a inspirada referência à universalidade de Cristo e da Igreja, sem a qual não há missão alguma: eles "transcendem todas as particularidades étnicas e nacionais, não são estranhos a ninguém nem a nada" (Aqui o texto retoma a Carta Apostólica *Maximum Illud*, de Bento XV, de 1919. A passagem da carta constitui um marco na caminhada missionária da Igreja Católica: "Realmente, nos dão um grande desgosto certas

pregação evangélica transcendem todos os particularismos de estirpe ou de nação e, por isso, não podem ser considerados estranhos a ninguém e em nenhuma parte.[41] O próprio Cristo é a verdade e o caminho que a pregação evangélica manifesta ao levar aos ouvidos de todos as palavras que ele mesmo disse: "Arrependei-vos e crede no Evangelho" (Mc 1,15). Porém, como quem não crê já está

---

[41] Cf. João XXIII, Encícl. Mater et Magistra: "Por direito divino, pertence a todas as nações [...]. A Igreja, uma vez que inseriu a sua força como que nas veias de algum povo, já não é nem se julga como uma instituição qualquer, imposta de fora a esse povo [...]. E, por isso, tudo aquilo que lhes parece bom e honesto, apoiam-no e completam-no" (subentenda-se: aqueles que renasceram em Cristo): AAS 1961, 444.

Revistas Missionárias, surgidas nestes últimos tempos, nas quais, mais do que o zelo de estender o Reino de Deus, aparece evidente o desejo de alargar a influência do próprio país: e surpreende que destas não saia nenhuma preocupação com o grave perigo de distanciar, em tal maneira, a alma dos pagãos da santa religião. Não deve ser assim o missionário católico digno deste nome. Não esquecendo nunca que não é um enviado de sua pátria, mas de Cristo, ele se comporta de forma que cada um pode sem dúvida reconhecer um ministro daquela religião que, abraçando a todos os homens que adoram a Deus em espírito e verdade, não é estrangeira a nenhuma nação"). O Documento de Aparecida retomará essa intuição com outro texto de cristalina beleza, que interpretará de maneira magistral essa passagem de *AG* 8:

"A missão do anúncio da Boa-Nova de Jesus Cristo tem destinação universal. Seu mandato de caridade alcança todas as dimensões da existência, todas as pessoas, todos os ambientes da convivência e todos os povos. Nada do humano pode lhe parecer estranho. A Igreja sabe, por revelação de Deus e pela experiência humana da fé, que Jesus Cristo é a resposta total, superabundante e satisfatória às perguntas humanas sobre a verdade, o sentido

julgado,[42] as palavras de Cristo são, ao mesmo tempo, palavras de juízo e de graça, de morte e de vida. É que só infligindo a morte ao que é velho podemos ter acesso à novidade de vida: e isto que vale, em primeiro lugar, para as pessoas, vale também para os diversos bens deste mundo que estão marcados tanto pelo pecado do homem como

---

[42] Cf. Jo 3,18.

---

da vida e da realidade, a felicidade, a justiça e a beleza. São as inquietações que estão arraigadas no coração de toda pessoa e que pulsam no mais humano da cultura dos povos. Por isso, todo sinal autêntico de verdade, bem e beleza na aventura humana vem de Deus e clama por Deus" (*DAp* 380).

Assim sendo, "Cristo é a verdade e o caminho" para todos. O *Ad Gentes* aborda aqui um tema importantíssimo para a missão, mas pouco desenvolvido ao longo do documento: a dimensão crítica de juízo por parte do Evangelho, claramente expressa no Novo Testamento: "Quem acreditar e for batizado será salvo. Quem não acreditar será condenado" (Mc 16,16). O Evangelho é uma palavra última que encosta qualquer sujeito na parede e exige dele uma resposta. Essa resposta vale como salvação ou condenação: nisso consiste a evangelização explícita ou querigmática por parte da missão da Igreja.

Com o Evangelho não se brinca. Não é uma coisa que posso aceitar ou não aceitar, tanto faz. Claro que se deve prever o caso de rejeição, e quem rejeita deve ser respeitado. Mas essa rejeição tem consequências para a vida das pessoas. O Evangelho ou é válido para todos, ou não é válido para ninguém: ele é "a" Palavra, a Palavra que salva. O caminho de Jesus aponta para algo de essencial, e não de facultativo, para a vida do mundo.

Em todas essas passagens é preciso prestar atenção para não cair num fundamentalismo religioso. Trata-se de uma

pela bênção de Deus: "Sendo que todos pecaram e todos estão privados da glória de Deus" (Rm 3,23). Por si mesmo e por próprias forças não há ninguém que se liberte do pecado e se eleve acima de si mesmo, ninguém absolutamente que se liberte a si mesmo da sua enfermidade, da sua solidão ou da sua escravidão,[43] mas todos precisam

---

[43] Cf. Santo Ireneu, Adv. Haer. III, 15, n. 3: PG 7, 919: "Foram pregadores da verdade e apóstolos da liberdade".

---

mudança de vida e não, primeiramente, de religião (Numa entrevista à revista *30 giorni*, Grégoire III Laham, patriarca de Antioquia da Igreja grego-melquita, fez esta afirmação: "Digo sempre com muito amor aos judeus: vocês são como eu, chamados à fé em Jesus. Aos muçulmanos também. Jesus chama a todos. A dEle não é uma nova religião contra as de antes e de depois. É algo de diferente. É outra coisa" [VALENTE, Gianni. Con Gesú in mezzo all'Islam. *30 Giorni*, Roma, ano XXV n. 7/8, p. 22, jul. ago. 2007]): "Porque, em Jesus Cristo, o que conta não é a circuncisão ou a não circuncisão [a adesão a uma tradição religiosa], mas a fé que age por meio do amor [a prática de vida]" (Gl 5,6). Afinal, seremos julgados sobre nossa qualidade de vida, como afirma o discurso escatológico de Mateus: "Tive fome, sede, estava nu, preso etc.". "Quando, Senhor, te vimos [...]", perguntam tanto as ovelhas como os cabritos (cf. Mt 25,31-46). Eles não reconheceram o Senhor. "Você acreditou porque viu?", disse Jesus a Tomé: "Felizes os acreditaram sem ter visto" (Jo 20,29). Não se trata, portanto, de ver e reconhecer o Senhor, mas de acreditar nEle, no seu Evangelho, no seu Caminho, na força do seu Espírito, pondo em prática "a vontade do Pai, que está no céu" (Mt 7,21).

Contudo, *AG* 8 nos põe em guarda ao não reduzir o Evangelho a uma simples conduta ética, a uma salvação conquistada pelas próprias boas obras (farisaísmo): "Ninguém se liberta

de Cristo como modelo, mestre, libertador, salvador, vivificador. De fato, na história humana, mesmo do ponto de vista temporal, o Evangelho foi um fermento de liberdade e de progresso e apresenta-se sempre como fermento de fraternidade, de unidade e de paz. Não é sem razão, por isso, que Cristo é celebrado pelos fiéis como "o esperado das nações e o seu salvador".[44]

---

[44] Ant. Ó, Vésperas, do dia 23 de dez.

---

do pecado e se alça acima de si mesmo sozinho, ou com suas próprias forças". Nossas tentativas de viver o Evangelho e de seguir Jesus fracassam seguidamente. Amar os inimigos é algo totalmente inviável, quando deveria ser uma das características marcantes dos discípulos (cf. Mt 5,46-48). Não se consegue viver o Evangelho como autodisciplina. Quem tenta fazer isso vive uma vida tensa, bitolada, infeliz e sem graça. O Evangelho não é conquista humana, mas é obra do Espírito. Paulo dirá: "Faço o mal que eu não quero e não consigo fazer o bem que eu quero" (Rm 7,19). Pois ele descobrirá que, se o Espírito do próprio Cristo não viver em nós, não conseguimos dar um passo adiante nesse caminho. Essa é a água que vai se tornar dentro de cada um uma fonte que jorra para a vida eterna (cf. Jo 4,14).

Eis então que o Documento de Aparecida retoma decididamente as palavras de Bento XVI, que apontam para Cristo como pessoa nova que vem tomar conta da nossa existência: "Não se começa a ser cristão por uma decisão ética ou uma grande ideia, mas pelo encontro com um acontecimento, com uma Pessoa, que dá um novo horizonte à vida e, com isso, uma orientação decisiva" (*DAp* 12).

Caráter escatológico da ação missionária

9. A atividade missionária desenrola-se entre o primeiro advento do Senhor e o segundo, no qual a Igreja há de ser reunida dos quatro ventos como uma colheita, no reino de Deus.[45] Mas, antes de o Senhor vir, tem de ser pregado o Evangelho a todos os povos.[46]

A atividade missionária não é outra coisa, nem mais nem menos, que a manifestação ou epifania dos desígnios de Deus e a sua realização no mundo e na sua história, na qual Deus, pela missão, atua manifestamente a história da salvação. Pela palavra da pregação e pela celebração dos sacramentos de que a eucaristia é o centro e a máxima expressão, torna presente a Cristo, autor da salvação. Por

---

[45] Cf. Mt 24,31; Didaqué 10,5: Funk, I, p. 32.
[46] Cf. Mc 13,10.

AG 9: Com a vida nova em Cristo, as pessoas se tornam parte de uma nova criação (2Cor 5,17; Gl 6,15). Essa nova criação é uma autêntica "metamorfose" (cf. Rm 12,2) que nos torna "já" participantes do Reino de Deus, se bem que esse "ainda não" chegou ao seu pleno cumprimento.

Efetivamente, com a missão participamos da vida de Deus, pois "Jesus Cristo, o Filho de Deus feito homem, a Palavra e a Vida, veio ao mundo para nos fazer 'participantes da natureza divina' (2Pd 1,4), para que participemos de sua própria vida" (*DAp* 348). O que é afinal essa "natureza divina"? Se for verdade o que foi declarado no começo, em *AG 2*, essa "natureza" consiste na própria missão que procede do "amor fontal" do Pai. Ao nos tornarmos *missionários*, participamos da natureza divina, que é vida trinitária do Pai, do Filho e do Espírito Santo, e que é a própria vida eterna (cf. *DAp* 348).

outro lado, tudo o que de verdade e de graça se encontrava já entre os gentios como uma secreta presença de Deus expurga-o de contaminações malignas e restitui-o ao seu autor, Cristo, que destrói o império do demônio e afasta a multiforme malícia do pecado. O que de bom há no coração e no espírito dos homens ou nos ritos e culturas próprias dos povos não só não se perde, mas é purificado, elevado e consumado para glória de Deus, confusão do

---

Com efeito, se a missão tem origem na Trindade (*de Trinitate*), ela também caminha rumo à Trindade (*ad Trinitatem*) como ponto de chegada. Vida eterna é participar da própria vida de Deus, da missão de Deus Amor, do movimento de um amor que gratuitamente se doa. Vida plena segundo o Evangelho é uma vida que se torna dom. A vida de Jesus foi um dom: "Tomai e comei, isto é o meu corpo". Nós fazemos eucaristicamente memória desse dom quando nos entregamos inteiramente à doação, até coincidir rigorosamente com o Dom recebido ("A autodoação de Cristo, que tem a sua fonte na vida trinitária do Deus-Amor, atinge a sua expressão mais alta no sacrifício da Cruz, cuja antecipação sacramental é a Última Ceia. Não é possível repetir as palavras da consagração sem *sentir-se implicado neste movimento espiritual*. Em certo sentido, o sacerdote deve aprender a dizer, com verdade e generosidade, também de si próprio: 'tomai e comei'. De fato, a sua vida tem sentido, se ele souber fazer-se dom, colocando-se à disposição da comunidade e ao serviço de qualquer pessoa que passe necessidade" [JOÃO PAULO II. Carta aos Presbíteros por ocasião da quinta feira santa de 2005. Disponível em: http://www.vatican.va/holy_father/john_paul_ii/ letters/2005/ documents/hf_jp-ii_let_ 20050313_ priests-holy-thursday_po.html. Acesso em 5 fev. 2008]). A esse respeito o Documento de Aparecida dedica uma das passagens mais bonitas, na qual define o que é missão:

demônio e felicidade do homem.[47] A atividade missionária tende assim para a plenitude escatológica:[48] por ela, com efeito, segundo o modo e o tempo que o Pai fixou para o seu poder,[49] se estende, o Povo de Deus a quem foi dito

---

[47] Vat. II, Const. dogm. Lumen gentium, 17. Santo Agostinho, De Civitate Dei, 19, 17: PL 41, 646; Instr. da S. Congregação "de Propaganda Fide": Collectanea I, n. 135, p. 42.

[48] Segundo Orígenes, o Evangelho deve ser pregado antes da consumação deste mundo: Hom. in Lc XXI: GCS, Oríg. IX, 136, 21ss; In Math. comm. ser. 39: XI, 75, 25ss; 76, 4ss.; Hom. in Ierem. III, 2. VIII, 308, 29 ss; Santo Tomás, Summa Theol. I-II, q. 106, a. 4. ad 4.

[49] Cf. At 1,7.

"A vida se acrescenta dando-a, e se enfraquece no isolamento e na comodidade. De fato, os que mais desfrutam da vida são os que deixam a margem a segurança e se apaixonam pela missão de comunicar vida aos demais. O Evangelho nos ajuda a descobrir que o cuidado enfermiço da própria vida depõe contra a qualidade humana e cristã dessa mesma vida. Vive-se muito melhor quando temos liberdade interior para doá-la: 'Quem aprecia sua vida terrena a perderá' (Jo 12,25). Aqui descobrimos outra profunda lei da realidade: 'Que a vida se alcança e amadurece à medida que é entregue para dar vida aos outros'. Isto é, definitivamente, a missão" (DAp 360).

Vida não é para ser retida: é para ser doada. A missão é o grande segredo da vida, é "manifestação, epifania, realização" do plano de Deus no mundo, como diz o texto de AG 9. Aponta para plenitude dos tempos, na imagem da colheita reunida dos quatro cantos da terra (cf. Mt 24,31), porque quer que todos participem desta Boa-Nova (cf. Mc 13,10) e deste banquete (cf. Ap 19,17). E, como Deus age também por caminhos conhecidos só por Ele (cf. AG 7), ele já está presente secretamente no meio dos povos e nos corações das pessoas de boa vontade (cf. GS 22). Essa sua presença misteriosa produz fruto no coração e no espírito das

profeticamente: "Alarga o espaço da tua tenda, estende as cortinas das tuas moradas, não te detenhas" (Is 54,2);[50] por ela cresce o corpo místico até constituir esse homem perfeito, na força da idade, que realiza a plenitude de Cristo;[51]

---

[50] Hilário de Poitiers, In Ps. 14: PL 9, 301; Eusébio de Cesareia, In Isaiam 54, 2-3: PG 24, 462-463; Cirilo de Alexandria, in Isaiam V, cap. 54, 1-3: PG 70, 1193.

[51] Cf. Ef 4,13.

---

pessoas, nas culturas e nos ritos dos povos. São afirmações importantes que abrem veredas para entender o papel positivo das outras tradições religiosas em ordem à salvação (Cf. Dupuis, *Verso una teologia cristiana del pluralismo religioso*, pp. 90- 93).

Esse fruto faz parte da grande colheita, junto ao inevitável joio que toda realidade humana traz consigo. Nada é absolutamente puro: vida e morte, bem e mal, salvação e perdição se misturam nas situações concretas da vida. No entanto, nada deve ser perdido: tudo deve ser "sanado, elevado e aperfeiçoado para a Glória de Deus". Essas operações pertencem ao horizonte escatológico da missão, que já ilumina e dirige o tempo presente, mas não estão ao alcance dos empregados do campo (cf. Mt 13,24-30.36-43). Somente pela Graça, que age na missão da Igreja e que, porém, já se encontra (misteriosamente) presente no meio das nações, podemos ser "sanados, elevados e aperfeiçoados".

A parte doutrinal do decreto *Ad Gentes* termina com uma visão inclusiva e cheia de esperança: "A atividade missionária tende assim para a plenitude escatológica: por ela, com efeito, segundo o modo e o tempo que o Pai fixou para o seu poder, se estende, o Povo de Deus a quem foi dito profeticamente: 'Alarga o espaço da tua tenda, estende as cortinas das tuas moradas, não te detenhas' (Is 54,2)". Por um lado, essa visão pertence aos tempos

por ela se levanta e se vai edificando sobre os alicerces dos apóstolos e dos profetas e com o próprio Cristo Jesus por pedra angular (Ef 2,20), o templo espiritual onde Deus é adorado em espírito e verdade.[52]

---

[52] Cf. Jo 4,23.

últimos que só o Pai pode determinar: "Quem apostar em uma unificação das religiões como resultado do diálogo inter-religioso só poderá se decepcionar. Essa unificação dificilmente se realizará dentro do nosso tempo histórico. Talvez não seja nem desejável" (RATZINGER, Joseph Cardeal. Der Dialog der Religionen und das jüdisch-christliche Verhältnis. Primeira vez publicado em: *Internationale Katholische Zeitschrift Communio* 26 (1997), pp. 419-429. Também em: Id., *Die Vielfalt der Religionen und der Eine Bund*. 3. ed. Bad Tölz: Urfeld, 2003. p. 117), escreveu há alguns anos o então cardeal Ratzinger. Por outro, esse convite a uma catolicidade evangélica, fraternal e universal deve animar continuamente a missão da Igreja de todos os tempos e de todos os lugares: uma missão encarnada, gratuita, próxima às pessoas e, ao mesmo tempo, uma missão sem fronteiras, aberta a todos e que alcança qualquer povo e qualquer nação:

"Para os cristãos, hoje, não há nada mais oportuno e fascinante do que trabalhar pela unidade da humanidade, de modo que a Igreja seja efetivamente sinal e instrumento da íntima união com Deus e da unidade de todo o gênero humano, como foi proclamado pelo Concílio. A Igreja encontra-se, como sempre, diante de uma grande missão, que não se reduz a batizar os pagãos e a salvar suas almas. A Igreja, acima de tudo, deve ser, neste mundo e nesta época, sinal visível do amor divino para com toda a humanidade" (Bühlmann, Walbert. *A Igreja no limiar do terceiro milênio*. São Paulo: Paulus, 1994, pp. 36-37).

Capítulo II
A obra missionária

Introdução

10. A Igreja, enviada por Cristo a manifestar e a comunicar a todos os homens e povos a caridade de Deus, reconhece que tem de levar a cabo uma ingente obra

Os caminhos (capítulo II): A introdução ao capítulo dedicado à obra missionária como tal — *de ipso opere missionali* — já coloca bem claro a problemática metodológica de toda missão: "A Igreja, a fim de poder oferecer a todos o mistério de salvação e a vida trazida por Deus, deve inserir-se em todos esses agrupamentos impelida pelo mesmo movimento que levou o próprio Cristo, na encarnação, a sujeitar-se às condições sociais e culturais dos homens com quem conviveu" (*AG* 10). Não é ainda usado o termo "inculturação", mas expressa todo o conceito, que por analogia se refaz ao mistério da encarnação. Será Pedro Arrupe, Superior-geral dos jesuítas, a introduzir pela primeira vez esse neologismo, em 1977, durante o Sínodo dos bispos sobre a catequese. Sucessivamente, a exortação apostólica *Catechesi Tradendae*, de João Paulo II, popularizou o conceito de "inculturação" dando a ele circulação universal (Cf. MÜLLER, Karl. *Teologia da missão*. Petrópolis: Vozes, 1995. p. 148).

A partir daqui, o decreto *Ad Gentes* traça um percurso em três etapas essenciais da ação missionária: o testemunho/diálogo, o anúncio/conversão e a formação da comunidade.

missionária. É que, na verdade, dois bilhões de homens, número que cresce de dia para dia, em grandes e determinados agrupamentos, unidos por laços estáveis de vida cultural, por antigas tradições religiosas, por estreitos vínculos de relações sociais, ou ainda não receberam a mensagem do Evangelho, ou mal ouviram falar dela; dentre eles, uns seguem alguma das grandes religiões, outros permanecem estranhos ao conhecimento de Deus, outros negam expressamente a sua existência, ou até mesmo a atacam. A Igreja, a fim de poder oferecer a todos o mistério de salvação e a vida trazida por Deus, deve inserir-se em todos esses agrupamentos impelida pelo mesmo movimento que levou o próprio Cristo, na encarnação, a sujeitar-se às condições sociais e culturais dos homens com quem conviveu.

Art. 1. O testemunho cristão

O testemunho da vida e o diálogo

11. A Igreja tem de estar presente a estes agrupamentos humanos por meio dos seus filhos que entre eles vivem ou a eles são enviados. Com efeito, todos os fiéis cristãos, onde quer que vivam, têm obrigação de manifestar, pelo exemplo da vida e pelo testemunho da palavra, o homem novo de que se revestiram pelo Batismo, e a força

---

O testemunho/diálogo: Em primeiro lugar, o testemunho de vida antecede e prepara qualquer anúncio explícito do Evangelho. O Concílio alerta que o divórcio entre a fé e a vida cotidiana entre os cristãos "deve ser contado entre os mais graves erros do nosso tempo" (*GS* 43). Para que as pessoas glorifiquem o Pai, é necessário, antes de tudo, que vejam boas obras (cf. *Ag* 11).

do Espírito Santo por quem na confirmação foram robustecidos, de tal modo que os demais homens, ao verem as suas boas obras, glorifiquem o Pai[1] e compreendam mais plenamente o sentido genuíno da vida humana e o vínculo universal da comunidade humana.

Para poderem dar frutuosamente este testemunho de Cristo, unam-se a esses homens com estima e caridade, considerem-se a si mesmos como membros dos agrupamentos humanos em que vivem, e participem na vida cultural e social através dos vários intercâmbios e atividades da vida humana; familiarizem-se com as suas tradições nacionais e religiosas; façam assomar à luz, com alegria e respeito, as sementes do Verbo neles adormecidas; mas atendam, ao mesmo tempo, à transformação profunda que se opera entre os povos e trabalhem por que os homens do nosso tempo não deem tanta importância à ciência e tecnologia do mundo moderno que se alheiem das coisas divinas, mas, antes pelo contrário, despertem para um desejo mais profundo da verdade e da caridade reveladas por

---

[1]   Cf. Mt 5,16.

Para esse exemplo ser eficaz e poder oferecer a todos a vida trazida por Deus, a Igreja é chamada a inserir-se profundamente em cada contexto particular, considerando-se membro do agrupamento humano, participando da vida da comunidade, familiarizando-se com suas tradições e descobrindo com alegria as sementes do Verbo que ali estão escondidas. É preciso que os discípulos de Cristo promovam a recíproca estima, o respeito e a concórdia, reconhecendo toda diversidade, sem excluir ninguém (cf. *GS* 92), ouvindo, conhecendo e compreendendo as pessoas no meio das quais vivem, para saber dialogar sinceramente e pacientemente com elas (cf. *AG* 11).

Deus. Assim como o próprio Cristo perscrutou o coração dos homens e por meio da sua conversação verdadeiramente humana os conduziu à luz divina, assim os seus discípulos, profundamente imbuídos do Espírito de Cristo, tomem conhecimento dos homens no meio dos quais vivem, e conversem com eles, para que, através de um diálogo sincero e paciente, eles aprendam as riquezas que Deus liberalmente outorgou aos povos; mas esforcem-se também por iluminar estas riquezas com a luz evangélica, por libertá-las e restituí-las ao domínio de Deus Salvador.

A presença da caridade

12. A presença dos cristãos nos agrupamentos humanos seja animada daquela caridade com que Deus nos amou, e com a qual quer que também nós nos amemos uns aos outros.[2]

Efetivamente, a caridade cristã se estende a todos sem discriminação de raça, condição social ou religião; não espera nenhum lucro ou gratificação. Portanto, assim como Deus nos amou com um amor gratuito, assim também os fiéis, pela sua caridade, sejam solícitos pelos homens amando-os com o mesmo zelo com que Deus veio procurá-los. E assim como Cristo percorria todas as

---

[2]   Cf. 1Jo 4,11.

A fim de atingir esse objetivo, a Igreja não apenas reconhece e valoriza o que de bom se encontra na vida dos povos, mas também torna-se fraternalmente solidária. Ela toma iniciativa para que a caridade estenda-se a todos sem discriminação, agindo com sincera gratuidade, privilegiando os pobres e os sofredores, dialogando fraternalmente com quem procura a paz (cf. *AG* 12).

cidades e aldeias, curando todas as doenças e todas as enfermidades, proclamando o advento do reino de Deus,[3] do mesmo modo a Igreja, por meio dos seus filhos, estabelece relações com os homens de qualquer condição, de modo especial com os pobres e aflitos, e de bom grado por eles gasta as forças.[4] Participa nas suas alegrias e dores, conhece as suas aspirações e os problemas da sua vida e sofre com eles nas ansiedades da morte. Àqueles que buscam a

---

[3] Cf. Mt 9,35ss; At 10,38.

[4] Cf. 2Cor 12,15.

Deve ser sublinhado o caráter apostólico desse compromisso, que não procura apenas o progresso e a prosperidade puramente materiais. Onde se promove a dignidade das pessoas e se experimenta uma comunhão sincera e gratuita, ali começa a resplandecer o mistério de Cristo e a vida do homem novo. Por parte da testemunha com uma vida de santidade. Por parte do interlocutor com uma experiência de amor gratuito que convida a abrir-se para além das necessidades materiais. Com efeito, o testemunho e o serviço já são formas eloquentes e eficazes de evangelização (cf. *EN* 41; *RMi* 42), cujo objetivo não é fazer obras mas sim "fazer discípulos" (Mt 28,19), ou seja, introduzir as pessoas em outra maneira de pensar e de agir, que produz novas relações e uma nova humanidade.

O anúncio/conversão: Contudo, a missão não consiste apenas no testemunho de vida, assim como o diálogo não se resolve somente na escuta do monólogo do outro: é também caminho para expor uma proposta de vida. O dever de anunciar explicitamente o Evangelho é imprescindível para o apóstolo. Ele sempre procura ocasiões para falar de Jesus, da mesma maneira com a qual Deus falou aos homens como amigos, porque "as palavras declaram as obras e esclarecem o mistério nelas contido" (*DV* 2).

paz deseja responder com diálogo fraterno, trazendo-lhes a paz e a luz do Evangelho.

Os cristãos trabalhem e colaborem com todos os outros na reta solução dos problemas econômicos e sociais. Dediquem-se, com cuidado especial, à educação das crianças e da juventude por meio das várias espécies de escolas, que devem ser consideradas não só como meio exímio de formação e promoção da juventude cristã, mas também, simultaneamente, como serviço da maior importância para os homens, e em particular para as nações em vias de desenvolvimento, a fim de elevar a dignidade do homem e preparar condições de vida mais humanas. Além

---

Diante do testemunho, nem sempre o interlocutor é levado a questionar a fundo sua própria vida. As pessoas batem palmas para o missionário ou a missionária, assim como para Madre Teresa de Calcutá ou Dom Helder Câmara, mas não chegam a arriscar sua vida pelo mesmo caminho. Função da palavra explícita é conduzir o sujeito a dar uma resposta precisa e pessoal ao chamado de Jesus: "E tu, meu irmão, o que vai fazer com a tua vida?".

É uma palavra a ser proclamada a todos com franqueza e firmeza, e tem como objetivo a conversão da pessoa a Cristo. Essa conversão é necessária para a salvação (cf. *AG* 7). Nunca esse apelo deve ser dirigido com coação e contra a caridade, porque cada pessoa tem obrigação de obedecer somente à sua própria consciência (cf. *DH* 11). Além disso, a Igreja missionária deve reconhecer que é Deus que abre a porta da palavra para anunciar o mistério de Cristo, é o Espírito Santo que abre o coração das pessoas para que se converta livremente à fé do Senhor. A conversão é sempre uma ação da Graça, à qual corresponde um apelo explícito proposto pela Igreja e um caminho de iniciação chamado catecumenato. Esse caminho, mais do que simples exposição dos dogmas e dos preceitos, deve ser uma iniciação a toda a vida cristã (cf. *AG* 14).

disso, tomem parte nos esforços daqueles povos que, lutando contra a fome, a ignorância e a doença, se esforçam por melhorar as condições de vida e por assegurar a paz no mundo. Nesta atividade prestem os fiéis, com prudência, a sua colaboração efetiva às iniciativas movidas pelas instituições particulares e públicas, pelos governos, pelos organismos internacionais, pelas diversas comunidades cristãs e religiões não cristãs.

A Igreja, porém, não quer, de maneira nenhuma, imiscuir-se no governo da cidade terrena. E não reclama para si nenhuma outra autoridade senão a de, com a ajuda de Deus, estar ao serviço dos homens pela caridade e pelo serviço fiel.[5]

---

[5] Cf. Mt 20,26; 23,11; Alocução de Paulo VI, no dia 21 nov. 1964, na aula conciliar: AAS (1964), 1013.

A formação da comunidade: O testemunho e a proclamação da Palavra leva a Igreja a gerar comunidades cristãs. Este é o objetivo da missão (cf. *LG* 17; *AG* 1), que corresponde, de alguma forma, ao "fazer discípulos" do grande mandato de Mateus. É a vida da comunidade cristã que constitui o sinal da presença de Deus no mundo.

De fato, nas Igrejas locais, apesar de frequentemente pequenas, pobres e reduzidas, "está presente Cristo, em virtude do qual se congrega a Igreja una, santa, católica e apostólica" (*LG* 26). A plenitude do mistério da Igreja está presente em cada contexto eclesial que celebra o sacrifício eucarístico, que se alimenta da Palavra, que vive na fé e na caridade e que é rico de espírito apostólico. O reconhecimento desse valor estende-se também às Igrejas de outras denominações, as quais, apesar de não gozarem da mesma plenitude, "de forma alguma estão despojadas de sentido e de significado no mistério da salvação" (*UR* 3).

Intimamente unidos com os homens na vida e na atividade, os discípulos de Cristo esperam oferecer-lhes o verdadeiro testemunho de Cristo e trabalhar na salvação deles, mesmo quando não podem anunciar plenamente a Cristo. Porque não procuram só o progresso e a prosperidade material dos homens, mas promovem a sua dignidade e união fraterna, ensinando as verdades religiosas e morais, que Cristo iluminou com a sua luz. Desse modo, vão abrindo pouco a pouco o acesso mais pleno a Deus. Assim os homens são auxiliados na aquisição da salvação pela caridade para com Deus e para com o próximo, e começa a brilhar o mistério de Cristo, no qual apareceu o homem novo que foi criado segundo Deus,[6] e no qual se revela a caridade divina.

Art. 2. A pregação do Evangelho e a reunião do Povo de Deus

A evangelização e a conversão

13. Sempre que Deus abre a porta da palavra para anunciar o mistério de Cristo[7] a todos os homens,[8] com confiança e constância[9] seja anunciado[10] o Deus vivo,

---

[6] Cf. 4,24.
[7] Cf. Cl 4,3.
[8] Cf. Mc 16,15.
[9] Cf. At 4,13.29.31; 9,27-28; 13,46; 14,3; 19,8; 26,26; 28,31; 1Ts 2,2; 2Cor 3,12; 7,4; Fl 1,20; Ef 3,12; 6,19-20.
[10] Cf. 1Cor 9,15; Rm 10,14.

Como todas as pessoas de todos os povos da terra são chamadas a formar um só Povo de Deus (cf. *LG* 13) e a ser cidadãs de um reino de natureza celeste e não terrena, as Igrejas espalhadas

e aquele que ele enviou para a salvação de todos, Jesus Cristo,[11] para que os não cristãos, sob a inspiração interior do Espírito Santo,[12] se convertam livremente à fé no Senhor, e adiram sinceramente àquele que, sendo "caminho, verdade e vida" (Jo 14,6), responde a todas as suas esperanças espirituais, superando-as infinitamente.

Esta conversão há de considerar-se como inicial, mas suficiente para o homem se dar conta de que, arrancado ao pecado, é introduzido no mistério do amor de Deus, que o chama a entabular relações pessoais consigo em Cristo. Pois, sob a ação da graça de Deus, o neoconvertido inicia o caminho espiritual pelo qual, comungando já pela fé no mistério da morte e ressurreição, passa do homem velho ao homem novo que tem em Cristo a sua perfeita realização.[13] Esta passagem, que traz consigo uma renovação progressiva de mentalidade e de costumes, deve manifestar-se e desenvolver-se progressivamente, com as suas consequências sociais, durante o tempo do catecumenato.

---

[11] Cf. 1Ts 1,9-10; 1Cor 1,18-21; Gl 1,31; At 14,15-17; 17,22-31.

[12] Cf. At 6,14.

[13] Cf. Cl 3,5-10; Ef 4,20-24.

---

no mundo sentem-se em profunda comunhão com todas as demais. Em virtude dessa universalidade, que é um dom do Senhor, cada uma contribui com seus dons para crescimento comum, prefigurando e promovendo a paz universal. Toda comunidade cristã é convocada, portanto, a transcender toda identidade particular, cultivando um espírito católico e participando efetivamente da missão universal da Igreja. Destarte, a Igreja pode constituir um laço muito estreito entre as diversas nações, exortando os seus filhos como também todas as pessoas a adotarem um espírito de família, capaz de superar todos os conflitos e de consolidar a paz.

E como o Senhor em que cremos é sinal de contradição,[14] o homem convertido experimenta frequentemente rupturas e separações, mas também alegrias que Deus concede sem medida.[15]

A Igreja proíbe severamente obrigar quem quer que seja a abraçar a fé, ou induzi-lo e atraí-lo com práticas indiscretas, do mesmo modo que reclama com vigor o direito de ninguém ser afastado da fé por meio de vexações iníquas.[16]

Em conformidade com o antiquíssimo costume da Igreja, investiguem-se os motivos da conversão e, se for necessário, purifiquem-se.

O catecumenato e a iniciação cristã

14. Aqueles que receberam de Deus por meio da Igreja a fé em Cristo[17] sejam admitidos ao catecumenato, mediante a celebração de cerimônias litúrgicas. O catecumenato

---

[14] Cf. Lc 2,34; Mt 10,34-39.

[15] Cf. 1Ts 1,6.

[16] Cf. Declaração De libertate religiosa, 2, 4, 10; Const. De Ecclesia in mundo huius temporis, 21.

[17] Cf. Const. dogm. Lumen gentium, 17.

A comunidade representa a grande proposta que a Igreja faz ao mundo com sua missão. O próprio Evangelho chama à vida em comunidade. A salvação passa não pela simples distribuição de sacramentos mas sim pela resposta a um chamado de discipulado missionário que se realiza numa intensa vida de fraternidade. Jamais essa fraternidade constituirá círculos fechados. A proposta de Jesus é de uma fraternidade peregrina que se faz próxima a todos, conjugando a comunidade com a missão, criando novas relações.

não é mera exposição de dogmas e preceitos, mas uma formação de toda a vida cristã e uma aprendizagem efetuada de modo conveniente, por cujo meio os discípulos se unem com Cristo seu mestre. Por conseguinte, sejam os catecúmenos convenientemente iniciados no mistério da salvação, na prática dos costumes evangélicos e com ritos sagrados, a celebrar em tempos sucessivos;[18] sejam introduzidos na vida da fé, da liturgia e da caridade do Povo de Deus.

Em seguida, libertos do poder das trevas pelos sacramentos da iniciação cristã,[19] mortos com Cristo e com ele sepultados e ressuscitados,[20] recebem o Espírito[21] de adoção de filhos e celebram com todo o Povo de Deus o memorial da morte e ressurreição do Senhor.

É de desejar que a liturgia do tempo quaresmal e pascal seja reformada de maneira a preparar os corações dos catecúmenos para a celebração do mistério pascal, durante cujas solenidades eles são regenerados para Cristo pelo batismo.

---

[18] Cf. Const. De sacra liturgia, 64-65.

[19] Cf. Cl 1,13. Desta libertação da escravidão do demônio e das trevas, cf. Mt 12,28: Jo 8,44; 12,31 (cf. 1Jo 3,8; Ef 2,1-2). Cf. no Ritual romano o rito batismal.

[20] Cf. Rm 6,4-11; Cl 2,12-13; 1Pd 3,21-22; Mc 16,16.

[21] Cf. 1Ts 3,5-7; At 8,14-17.

Ponto final da missão? Contudo, o segundo capítulo do *Ad Gentes* move-se dentro de uma perspectiva em que a *plantatio ecclesiae* ("a implantação da Igreja") é o ponto final da missão e da evangelização: uma Igreja bem estruturada com seus leigos, seus ministros (*AG* 15), seu próprio clero (*AG* 16), seus catequistas (*AG* 17), seus religiosos e religiosas (*AG* 18). De um lado, tudo isso é muito positivo, pois procura desprender as Igrejas recém-formadas

Esta iniciação cristã realizada no catecumenato deve ser obra não apenas dos catequistas ou sacerdotes, mas de toda a comunidade dos fiéis, especialmente dos padrinhos, de forma que, desde o começo, os catecúmenos sintam que pertencem ao Povo de Deus. Visto que a vida da Igreja é apostólica, os catecúmenos devem igualmente aprender a cooperar ativamente, pelo testemunho da sua vida e a profissão da sua fé na evangelização e na construção da Igreja.

Enfim, o estado jurídico dos catecúmenos deve ser fixado claramente no novo Código. Pois eles estão já unidos à Igreja,[22] já são da casa de Cristo,[23] e, não raro, eles levam já uma vida de fé, de esperança e de caridade.

Art. 3. A formação da comunidade cristã

A formação da comunidade cristã

15. O Espírito Santo, que chama todos os homens a Cristo pelas sementes do Verbo e pela pregação do Evangelho e produz nos corações a submissão da fé, quando gera no seio da fonte batismal para uma nova vida os que creem em Cristo, reúne-os num só Povo de Deus, que é "raça escolhida, sacerdócio real, nação santa, povo adquirido" (1Pd 2,9).[24]

---

[22] Cf. Const. dogm. Lumen Gentium, 14.

[23] Cf. Santo Agostinho, Tract. in Joann. 11,4: PL 35, 1476.

[24] Cf. Const. dogm. Lumen Gntium, 9.

---

do vínculo com as Igrejas-mãe, muitas vezes de outro continente. As comunidades cristãs jovens devem procurar quanto antes sua autonomia, inclusive econômica (cf. AG 15), e os missionários devem fazer de tudo para deixar as comunidades caminharem com suas próprias pernas, evitando perigosas dependências.

Portanto, os missionários, colaboradores de Deus,[25] devem fazer nascer assembleias de fiéis que, levando uma vida digna da vocação a que foram chamados,[26] sejam tais que possam exercer as funções a elas confiadas por Deus: sacerdotal, profética, real. É deste modo que uma comunidade cristã se torna sinal da presença de Deus no mundo: pelo sacrifício eucarístico, com efeito, passa incessantemente ao Pai com Cristo,[27] alimentada cuidadosamente pela palavra de Deus,[28] dá testemunho de Cristo,[29] caminha, enfim, na caridade e arde em espírito apostólico.[30]

---

[25] Cf. 1Cor 3,9.

[26] Cf. Ef 4,1.

[27] Cf. Const. dogm. Lumen Gentium, 10, 11, 34.

[28] Cf. Const. dogm. De Divina Revelatione, 21.

[29] Cf. Const. dogm. Lumen Gentium, 12, 35.

[30] Cf. ibid., 23, 36.

Por outro lado, a implantação da Igreja não pode ser entendida apenas como o ponto final da missão: ela constitui muito mais um novo ponto de partida. Com a formação da nova comunidade, a missão da Igreja não pode parar e se acomodar, mas tem que partir novamente de um novo patamar. Quem apontará para essa reflexão será o Documento de Puebla. Embora a *Evangelii Nuntiandi* e a *Redemptoris Missio* retomem, mais ou menos, o mesmo esquema do *Ad Gentes* sobre o processo da missão (testemunho/diálogo — anúncio/conversão — comunidade), Puebla acrescenta outro elemento: a missão. Em outras palavras, uma comunidade não pode considerar-se "evangelizada" até que ela mesma não é enviada e não envia seus missionários a todos os povos (cf. *Puebla* 356-361).

É uma passagem fundamental para entender a missão em seu novo paradigma: não participamos plenamente da vida de

Uma comunidade cristã deve ser constituída desde o começo de tal maneira que possa, à medida do possível, prover por si mesma às suas necessidades.

Esta assembleia dos fiéis, dotada das riquezas culturais da sua própria nação, deve estar profundamente enraizada no povo: devem desabrochar as famílias penetradas do espírito evangélico[31] e ajudadas por escolas idôneas; devem-se organizar associações e agrupamentos por meio dos quais o apostolado dos leigos possa penetrar do espírito evangélico toda a sociedade. A caridade deve brilhar, enfim, entre os católicos de rito diferente.[32]

---

[31] Cf. ibid., 11, 35, 41.

[32] Cf. Decreto De Ecclesiis Orientalibus, 30.

Deus até que não aderimos decididamente à sua missão universal. Um célebre documento da CNBB contém uma frase extremamente contundente a esse respeito: "A maturidade eclesial é *consequência* e não apenas *condição* de abertura missionária" (CNBB. *Igreja: comunhão e missão*. 26ª Assembleia Geral — Itaici, 13 a 22 de abril de 1988, n. 119). Por sua vez, o Documento de Aparecida coloca a missão como quinto elemento para um processo de formação dos discípulos missionários (encontro com Cristo, conversão, discipulado, comunhão, missão): "A missão é inseparável do discipulado, *a qual* [a tradução para o português difere do original espanhol] não deve ser entendida como etapa posterior à formação" (*DAp* 278e).

Se a missão não der à luz missão, fica absolutamente estéril. Uma igreja é verdadeiramente constituída quando é enviada para a missão. Assim como um míssil — palavra que tem a mesma raiz latina de "missão" — não é feito para ficar parado, também a Igreja não é feita para ficar apenas constituída em suas instituições, em seus assentos e em suas estruturas.

Deve também nutrir-se entre os neófitos o espírito ecumênico, pensando justamente que os irmãos que creem em Cristo são discípulos de Cristo, regenerados pelo batismo, participantes de numerosos bens do Povo de Deus. Quanto o permitirem as situações religiosas, deve-se promover a ação ecumênica, de sorte que os católicos, banindo toda a aparência de indiferentismo, de confusionismo e odiosa rivalidade, colaborem com os irmãos separados, em conformidade com as disposições do decreto sobre o Ecumenismo, por meio da comum profissão de fé em Deus e em Jesus Cristo diante dos povos, à medida do possível, e pela cooperação em questões sociais e técnicas, culturais e religiosas. Colaborem, sobretudo, por causa de Cristo, seu Senhor comum: que o seu nome os una! Esta colaboração deve ser estabelecida não somente entre os indivíduos, mas também, a juízo do Ordinário do lugar, entre Igrejas ou comunidades eclesiais e as suas obras.

Os cristãos, provenientes de todos os povos e reunidos na Igreja, "não se distinguem dos outros homens nem pelo país, nem pela língua, nem pela organização política",[33] devem, por isso, viver para Deus e para Cristo segundo os usos honestos do seu próprio país, cultivem verdadeira e eficazmente, como bons cidadãos, o amor da pátria, mas evitem absolutamente o desprezo pelas raças estrangeiras, o nacionalismo exacerbado, e promovam o amor universal dos homens.

Para conseguir estes resultados, têm grandíssima importância e são dignos de interesse particular os leigos, isto é, os fiéis cristãos que, incorporados em Cristo pelo batismo, vivem no mundo. A eles pertence, depois de penetrados do Espírito de Cristo, animar interiormente, à

---

[33] Carta a Diogneto, 5: PG 2, 1173; cf. Const. dogm. Lumen Gentium, 38.

maneira de fermento, as realidades temporais e dispô-las para que se realizem sempre segundo Cristo.[34]

Não basta, porém, que o povo cristão esteja presente e estabelecido num país; não basta também que ele exerça o apostolado do exemplo; está estabelecido, está presente com esta finalidade: anunciar Cristo aos seus concidadãos não cristãos pela palavra e pela ação, e ajudá-los a receber plenamente a Cristo.

Mas, além disso, para a implantação da Igreja e para o desenvolvimento da comunidade cristã, são necessários ministérios diversos, que, suscitados pelo apelo divino no seio mesmo da assembleia dos fiéis, devem ser encorajados e cultivados por todos com diligente cuidado; entre estes ministérios, há as funções dos sacerdotes, dos diáconos e dos catequistas, e a ação católica. De modo análogo, os religiosos e as religiosas desempenham, quer pela oração, quer pela ação, um serviço indispensável para enraizar nos corações o reino de Cristo, fortificá-lo e estendê-lo ulteriormente.

A formação do clero local

16. Com grande alegria, a Igreja dá graças pelo dom inapreciável da vocação sacerdotal que Deus concedeu a tão avultado número de jovens entre os povos recentemente convertidos a Cristo. A Igreja, efetivamente, lança raízes mais vigorosas em cada agrupamento humano, quando as várias comunidades de fiéis tiram dentre os seus membros os próprios ministros da salvação na ordem dos bispos, dos presbíteros e dos diáconos, que servem os seus irmãos, de tal sorte que as jovens Igrejas adquirem pouco a pouco uma estrutura diocesana com clero próprio.

---

[34] Cf. Const. dogm. Lumen Gentium, 32; Decreto De apostolatu laicorum.

Aquilo que foi decidido por este Concílio a propósito da vocação e da formação sacerdotal, observe-se religiosamente nos lugares em que a Igreja começa a implantar-se e também nas jovens Igrejas. Preste-se muita atenção ao que foi dito sobre a formação espiritual intimamente unida à formação doutrinal e pastoral, da vida vivida segundo o espírito do Evangelho, sem consideração de vantagem pessoal ou interesse familiar, e sobre a formação do sentido íntimo do mistério da Igreja. Assim aprenderão de maneira maravilhosa a consagrar-se inteiramente ao serviço do corpo de Cristo e à obra do Evangelho, a aderir ao próprio Bispo como fiéis colaboradores e a prestar leal colaboração aos seus irmãos.[35]

Para conseguir este fim geral, toda a formação dos alunos deve ser orientada à luz do mistério da salvação, como vem exposto na Escritura. Descubram e vivam este mistério de Cristo e da salvação dos homens presente na liturgia.[36]

Estas exigências comuns da formação sacerdotal, que é também pastoral e prática, devem harmonizar-se, segundo as disposições deste Concílio,[37] com o desejo de ir ao encontro do modo particular de pensar e de agir da sua própria nação. Os espíritos dos alunos devem, pois, abrir-se e cultivar-se para bem conhecerem e poderem apreciar a cultura do seu país; nas disciplinas filosóficas e teológicas, devem tomar conhecimento das razões que levam ao desacordo entre as tradições e religiões nacionais e a religião cristã.[38] Do mesmo modo, a formação sacerdotal deve

---

[35] Cf. Decreto de Institutione sacerdotali, 4, 8, 9.

[36] Cf. Const. De sacra liturgia, 17.

[37] Cf. Decreto De Institutione sacerdotali, 1.

[38] Cf. João XXIII, Princeps Pastorum: AAS (1959), 843-844.

ter em vista as necessidades pastorais da região: os alunos devem aprender a história, a finalidade e o método da ação missionária da Igreja e as condições particulares, sociais, econômicas e culturais do seu próprio povo. Devem ser educados no espírito do ecumenismo e convenientemente preparados para o diálogo fraterno com os não cristãos.[39] Tudo isto pede que os estudos para o sacerdócio sejam realizados, quanto possível, em ligação contínua e convivência com a gente do próprio país.[40] Procure-se, enfim, dar uma formação que prepare para a ordenada administração eclesiástica, até mesmo econômica.

Dever-se-ão também escolher sacerdotes capazes que, depois de alguma experiência pastoral, realizem estudos superiores em Universidades, mesmo estrangeiras, sobretudo em Roma, e em outros Institutos científicos, de sorte que as Igrejas jovens tenham à sua disposição sacerdotes do clero local, dotados de ciência e experiência convenientes, para desempenharem as funções eclesiásticas de maior responsabilidade.

Nos lugares em que as Conferências episcopais julgarem oportuno, restabeleça-se a ordem do diaconato como estado de vida permanente, em conformidade com as normas da Constituição sobre a Igreja.[41] É útil, com efeito, que para exercer um ministério verdadeiramente diaconal, quer pregando a palavra de Deus como catequistas, quer dirigindo em nome do pároco e do Bispo comunidades cristãs dispersas, quer exercendo a caridade em obras sociais ou caritativas, sejam fortificados pela imposição das mãos, transmitida desde o tempo dos apóstolos, e mais

---

[39]   Cf. Decreto De Oecumenismo, 4.

[40]   Cf. João XXIII, Princeps Pastorum: AAS (1959), 842.

[41]   Cf. Const. dogm. Lumen Gentium, 29.

estreitamente unidos ao altar, para que desempenhem o seu ministério mais eficazmente, por meio da graça sacramental do diaconado.

A formação dos catequistas

17. De modo semelhante, é digno de elogio aquele exército, com tantos méritos na obra das missões entre pagãos, o exército dos catequistas, homens e mulheres, que, penetrados do espírito apostólico, com grandes sacrifícios prestam uma ajuda singular e absolutamente necessária à expansão da fé e da Igreja.

Hoje em dia, em razão da escassez do clero para evangelizar tão grandes multidões e exercer o ministério pastoral, o ofício de catequistas tem muitíssima importância. A sua formação deve, portanto, fazer-se de maneira tão acomodada ao progresso cultural, que eles possam desempenhar o mais perfeitamente possível o seu múnus como colaboradores eficazes da ordem sacerdotal, múnus esse que se vai complicando com novas e maiores obrigações.

É preciso, portanto, multiplicar as escolas diocesanas e regionais, nas quais os futuros catequistas estudem cuidadosamente a doutrina católica, especialmente em matéria bíblica e catequética, assim como a prática pastoral, e se formem na moral cristã,[42] exercitando-se sem desfalecimentos na piedade e na santidade de vida. Além disso, devem-se organizar, em períodos determinados, reuniões ou cursos de atualização nas disciplinas e nas técnicas úteis ao seu ministério, e de renovação e robustecimento da sua vida espiritual. Por outro lado, aos que se dedicam inteiramente a esta ocupação, dever-se-á proporcionar, por

---

[42] Cf. João XXIII, Princeps Pastorum: AAS (1959), 855.

uma justa remuneração, conveniente nível de vida e segurança social.[43]

É de desejar que se proveja, de maneira conveniente, à formação e sustentação dos catequistas, por meio de subsídios especiais da sagrada Congregação de "Propaganda Fide". Parecendo necessário e conveniente, funde-se uma Obra para os catequistas.

Além disso, as Igrejas serão reconhecidas ao trabalho generoso dos catequistas auxiliares, cuja ajuda lhes será indispensável. São eles que presidem às orações nas comunidades e ensinam a doutrina. É preciso, pois, tratar da sua conveniente formação doutrinal e espiritual. Por outro lado, é de desejar que, onde parecer oportuno, seja confiada publicamente, durante a celebração de uma ação litúrgica, a missão canônica aos catequistas que tiverem recebido formação suficiente, a fim de estarem com maior autoridade ao serviço da fé junto do povo.

A promoção da vida religiosa

18. Desde o período da implantação da Igreja, se deve ter o cuidado de promover a vida religiosa; esta não somente presta ajuda preciosa e absolutamente necessária à atividade missionária, mas, pela consagração mais íntima feita a Deus na Igreja, manifesta também com esplendor e faz compreender a natureza íntima da vocação cristã.[44]

Os Institutos religiosos que trabalham na implantação da Igreja, profundamente impregnados das riquezas místicas que são a glória da tradição religiosa da Igreja, devem esforçar-se por exprimi-las e transmiti-las, segundo

---

[43] Trata-se dos chamados "catechistes à plein temps", "full time catechists".

[44] Cf. Const. dogm. Lumen Gentium, 31, 44.

o gênio e caráter de cada povo. Devem examinar atentamente como é que as tradições ascéticas e contemplativas, cujos germes foram, não raro, espalhados por Deus nas civilizações antigas, antes da pregação do Evangelho, podem ser assumidas para a vida religiosa cristã.

Devem cultivar-se nas Igrejas jovens as diversas formas de vida religiosa, para que mostrem os diversos aspectos da missão de Cristo e da vida da Igreja, e se dediquem às várias obras pastorais, e preparem convenientemente os seus membros para as desempenhar. No entanto, procurem os bispos nas Conferências que não se multipliquem Congregações com o mesmo fim apostólico com prejuízo da vida religiosa e do apostolado.

São dignas de menção especial as diversas iniciativas em vista ao enraizamento da vida contemplativa; certos Institutos, guardando os elementos essenciais da instituição monástica, trabalham por implantar a riquíssima tradição da sua Ordem; outros voltam às formas mais simples do monaquismo antigo. Todos, no entanto, devem procurar uma autêntica adaptação às condições locais. Uma vez que a vida contemplativa pertence à plenitude da presença da Igreja, é preciso que ela seja instaurada por toda a parte nas novas Igrejas.

Capítulo III
As Igrejas particulares

Os progressos das Igrejas jovens

19. A obra de implantação da Igreja em um determinado agrupamento humano atinge em certa medida o seu termo quando a assembleia dos fiéis, enraizada já na vida

---

Os sujeitos (capítulos III e IV): Essas perspectivas, ainda não explícitas, começam a despontar sem dúvida no próprio decreto *Ad Gentes*, apesar do terceiro capítulo começar de forma abrupta na ótica da *plantatio ecclesiae*: "A obra de implantação da Igreja em um determinado agrupamento humano atinge em certa medida o seu termo quando a assembleia dos fiéis, enraizada já na vida social e adaptada à cultura local, goza de alguma estabilidade e firmeza".

O fato, porém, de colocar as "Igrejas particulares" antes da Igreja universal, dos "dicastérios competentes" (*AG* 29), dos missionários, de seus institutos e de suas agências, mostra qual a direção do pensamento conciliar em ordem aos protagonistas da missão. Na esteira de *LG* 26, que recupera o valor da Igreja local como "Igreja de Cristo verdadeiramente presente em todas as legítimas comunidades locais de fiéis" — em oposição à ideia centralizadora de uma única Igreja subdividida em repartições administrativas —, *AG* 19-22 vem a afirmar que o sujeito principal da missão é a Igreja local. Ela não delega a ninguém essa sua tarefa primordial: ela é missionária por sua natureza. Mais uma vez essa afirmação terá desdobramentos práticos de primária importância.

social e adaptada à cultura local, goza de alguma estabilidade e firmeza: com recursos próprios, ainda que insuficientes de clero local, de religiosos e de leigos, possui já os ministérios e instituições necessárias para viver e desenvolver a vida do Povo de Deus, sob a orientação do próprio Bispo.

Nestas Igrejas jovens, a vida do Povo de Deus deve adquirir a maturidade em todos os setores da vida cristã, renovada segundo as normas deste Concílio: os grupos dos fiéis tornam-se de dia para dia mais conscientemente comunidades de fé, de liturgia e de caridade; pela sua atividade cívica e apostólica, os leigos trabalham por instaurar na sociedade uma ordem de caridade e de justiça; os meios de comunicação social são empregados de maneira

As Igrejas locais (capítulo III): O Concílio Vaticano II afirmou de maneira bastante vigorosa que somente nas Igrejas locais e a partir delas é que existe a Igreja Católica única e singular (cf. *LG* 23). Tal posição foi considerada uma das maiores realizações do Vaticano II (Cf. *Fuellenbach*, John. *Igreja comunidade para o Reino*. São Paulo: Paulinas, 2006. p. 109). A Igreja toda *está* na Igreja local: "Nestas comunidades, embora muitas vezes pequenas e pobres ou dispersas, está presente Cristo, por cuja virtude se reúne a Igreja una, santa, católica e apostólica" (*LG* 26; cf; *CD* 11).

Entretanto, a Igreja local não é toda Igreja. A Igreja se constitui também como *comunhão de Igrejas*, pelo mesmo princípio de *comunhão* que faz a Igreja ser Igreja, tanto num contexto particular como também na extensão universal. Dessa maneira, a Igreja que resulta da comunhão das Igrejas locais é a mesma que se realiza nestas últimas. Há, portanto, uma mútua inclusão entre Igreja local e Igreja universal (Cf. MIRANDA, Mário de França. *Igreja e sociedade*. São Paulo: Paulinas, 2009. p. 24). A Igreja universal não é a soma das Igrejas locais, nem é identificável com a Igreja

oportuna e prudente; graças a uma vida verdadeiramente cristã, as famílias tornam-se viveiros de apostolado dos leigos e das vocações sacerdotais e religiosas. A fé, enfim, é ensinada por meio de uma catequese adaptada, é celebrada numa liturgia conforme ao gênio do povo, e, por uma legislação canônica conveniente, ela passa para as instituições e para os costumes locais.

Os bispos, cada um com o seu presbitério, cada vez mais penetrados do sentido de Cristo e da Igreja, devem

---

de Roma. Trata-se de uma *dimensão* essencial da Igreja que se expressa na comunhão entre as Igrejas locais.

Por esse caminho, o concílio articula particularidade e universalidade, localidade e catolicidade à procura de uma autêntica plenitude da Igreja. Se a Igreja é plenamente Igreja num contexto histórico definido, pelo princípio da encarnação, a mútua reciprocidade com as outras Igrejas é "a garantia de que essa concretude da Igreja local não se resolva no particularismo étnico e cultural, incapaz de amor católico, e que, por outro lado, a abertura da Igreja universal não desvaneça em generalidades ou em monolitismos" (COLZANI, *Teologia della missione*, p. 127).

A partir desse quadro de ideias, *AG* 19 começa a traçar um caminho de alcance da maturidade da fé pela comunidade eclesial "em todos os campos da vida cristã". Essa maturidade é fruto de uma adesão à Igreja universal (comunhão com as outras Igrejas), como também de uma colaboração por parte da Igreja universal, num movimento de dar e receber em vista da própria constituição e vitalidade da Igreja local.

A respeito dessa vitalidade, o concílio chama a atenção sobre três aspectos que determinam a qualidade da missão: a ação missionária *ad gentes*, o compromisso dos leigos no mundo e a inculturação do Evangelho.

sentir e viver com a Igreja universal. Deve manter-se íntima a comunhão das Igrejas jovens com a Igreja inteira, cujos elementos tradicionais elas devem juntar à sua cultura própria, para fazer crescer a vida do corpo místico por meio de trocas mútuas.[1] Por isso, devem cultivar-se os elementos teológicos, psicológicos e humanos que podem contribuir para fomentar este sentido de comunhão com a Igreja universal.

---

[1] Cf. João XXIII, Princeps Pastorum: AAS (1959), 838.

O primeiro aspecto se refere à tarefa indeclinável de anunciar a boa-nova a todos, primeiramente àqueles que convivem no mesmo território. A obra de evangelização deve contar com o ardor de sacerdotes, religiosas e religiosos que são chamados, primeiramente, a pregar para aqueles que estão fora da Igreja, e não apenas apascentar os que já se tornaram cristãos. Para isso, porém, o ardor não basta: torna-se necessária uma profunda formação, tanto no plano teológico, bíblico, espiritual e pastoral, como também no âmbito antropológico, sociológico e cultural. *AG* 19 também almeja que esse espírito missionário se estenda quanto antes para o mundo todo, além do contexto particular onde a Igreja se encontra: só assim a comunhão com as outras Igrejas encontrará sua plenitude.

O segundo aspecto toca o comprometimento da Igreja com a transformação do mundo, particularmente através do engajamento dos leigos na sociedade. Esse é um dos pontos-chave do significado de toda a missão da Igreja, ponto de chegada do anúncio do Evangelho e da formação da comunidade cristã: "A Igreja não está fundada verdadeiramente, nem vive plenamente, nem é sinal perfeito de Cristo entre os homens se um laicado autêntico não se junta e trabalha com a hierarquia". A contundência da declaração nos exime de ulteriores comentários.

Estas Igrejas, não raro situadas nas regiões mais pobres do globo, veem-se ainda a braços com insuficiência, ordinariamente muito grave, de sacerdotes, e com falta de subsídios materiais. Por isso, têm muitíssima necessidade de que a ação missionária continuada da Igreja inteira lhes subministre os socorros que servem, antes de mais, para o desenvolvimento da igreja local e para a maturidade da vida cristã. Essa ação missionária deve estender a sua ajuda também às Igrejas fundadas há longa data, e que se encontram em estado de retrocesso ou decadência.

Estas Igrejas, porém, devem renovar o seu zelo pastoral comum e as obras oportunas pelas quais as vocações para o clero diocesano e para os Institutos religiosos cresçam em número, sejam discernidas com mais segurança e cultivadas com mais eficácia,[2] de maneira que, pouco a pouco, possam prover às suas próprias necessidades e auxiliar as outras.

A ação missionária das Igrejas particulares

20. A Igreja particular, pela obrigação que tem de representar o mais perfeitamente possível a Igreja universal, deve ter consciência de que foi também enviada aos habitantes do mesmo território que não creem em Cristo a fim de ser, pelo testemunho da vida de cada um dos fiéis e de toda a comunidade, um sinal a mostrar-lhes Cristo.

Além disso, para o Evangelho chegar a todos, é indispensável o ministério da palavra. É preciso que o Bispo seja, antes de mais, um pregador da fé, que conduza a

---

[2] Decreto De ministerio et vita sacerdotali, 11; Decreto De institutione sacerdotali, 2.

Cristo novos discípulos.[3] Para desempenhar, como convém, esta nobre incumbência, deve conhecer bem a situação do seu rebanho, as opiniões íntimas dos seus concidadãos a respeito de Deus, tomando cuidadosamente em linha de conta as mudanças introduzidas pela urbanização, migração e indiferentismo religioso.

Nas Igrejas jovens, os sacerdotes locais empreendam com ardor a obra da evangelização, organizando uma ação comum com os missionários estrangeiros, com os quais formam um presbitério único, unido debaixo da autoridade do Bispo, não só para apascentar os fiéis e celebrar o culto divino, mas também para pregar o Evangelho àqueles que estão fora. Eles devem mostrar-se prontos e, havendo ocasião, oferecer-se com fervor ao Bispo para empreender o trabalho missionário nas regiões afastadas e abandonadas da sua própria diocese, ou em outras dioceses.

Os religiosos e as religiosas, bem como os leigos, devem sentir-se animados do mesmo zelo em relação aos seus concidadãos, sobretudo os mais pobres.

As Conferências episcopais procurem organizar, em tempos determinados, cursos de atualização bíblica, teológica, espiritual e pastoral, para que, na variedade e mudança de situações, o clero adquira um conhecimento mais pleno da ciência teológica e dos métodos pastorais.

Quanto ao mais, observe-se religiosamente o que este Concílio determinou, especialmente no decreto sobre o ministério e a vida dos sacerdotes.

Para que esta obra missionária de uma Igreja particular possa ser levada a bom termo, é necessário que haja ministros capazes, oportunamente preparados em

---

[3] Cf. Const. dogm. Lumen Gentium, 25.

conformidade com o condicionalismo de cada Igreja. Uma vez que os homens se reúnem cada vez mais em grupos, convém absolutamente que as Conferências episcopais tenham planos comuns sobre o diálogo a instituir com esses grupos. Se em certas regiões se encontram grupos de homens que são impedidos de abraçar a fé católica pelo fato de não poderem adaptar-se à forma particular que a Igreja aí tenha revestido, é de desejar que se proveja de maneira especial[4] a essa situação, até que todos os cristãos possam ser congregados numa só comunidade. Os bispos devem chamar para as suas dioceses ou receber de boa vontade os missionários de que a Sé Apostólica puder dispor para esta finalidade, e favorecer eficazmente as suas iniciativas.

Para que este zelo missionário comece a florescer entre os naturais do país, convém absolutamente que as Igrejas jovens participem efetivamente na missão universal da Igreja, enviando elas também missionários a anunciar o Evangelho por toda a terra, ainda que elas sofram de falta de clero. A comunhão com a Igreja inteira será, de certo modo, consumada quando, também elas, tomarem parte ativa na ação missionária junto de outros povos.

A promoção do apostolado dos leigos

21. A Igreja não está fundada verdadeiramente, nem vive plenamente, nem é sinal perfeito de Cristo entre os homens se um laicado autêntico não se junta e trabalha com a hierarquia. De fato, sem a presença ativa dos leigos, o Evangelho não pode gravar-se profundamente nos

---

[4]   Cf. Decreto De ministerio et vita presbyterorum, 10, onde, para tornar mais fáceis as obras pastorais a favor dos diversos agrupamentos sociais, se prevê a constituição de Prelaturas pessoais, à medida que o ordenado exercício do apostolado o exigir.

espíritos, na vida e na atividade de um povo. Por isso, é necessário desde a fundação de uma Igreja prestar grande atenção à formação de um laicado cristão amadurecido.

Os fiéis leigos pertencem, ao mesmo tempo, ao Povo de Deus e à sociedade civil: pertencem primeiramente à nação em que nasceram, de cujos tesouros culturais participam pela educação, a cuja vida estão ligados por múltiplos laços sociais, para cujo progresso cooperam com o seu esforço nas suas profissões, cujos problemas sentem e procuram resolver como próprios; mas pertencem também a Cristo, porque foram regenerados na Igreja pela fé e pelo batismo, a fim de serem de Cristo pela renovação da vida e ação,[5] para que em Cristo tudo seja submetido a Deus, e, enfim, Deus seja tudo em todos.[6]

O principal dever deles, homens e mulheres, é o testemunho de Cristo, que eles têm obrigação de dar, pela sua vida e palavras, na família, no grupo social, no meio profissional. É necessário que se manifeste neles o homem novo criado segundo Deus na justiça e santidade da verdade.[7] Devem exprimir esta novidade de vida no meio social e cultural da sua pátria, em conformidade com as tradições nacionais. Devem, por isso, conhecer esta cultura, purificá-la, conservá-la, desenvolvê-la segundo as novas situações, enfim, dar-lhe a sua perfeição em Cristo a fim de que a fé em Cristo e a vida da Igreja deixem de ser estranhas à sociedade em que vivem mas comecem a penetrá-la e a transformá-la. Devem unir-se aos seus concidadãos com caridade sincera, a fim de que no seu comportamento apareça um novo laço de unidade e de

---

[5]   Cf. 1Cor 15,23.

[6]   Cf. 1Cor 15,28.

[7]   Cf. Ef 4,24.

solidariedade universal, hauridas no mistério de Cristo. Devem transmitir a fé em Cristo também àqueles a quem estão ligados pela vida e profissão; esta obrigação impõe-se tanto mais em quanto a maior parte dos homens não podem ouvir o Evangelho e conhecer a Cristo senão pelos seus vizinhos leigos. Mais ainda: onde for possível, devem os leigos estar prontos a cumprir, em colaboração mais imediata com a hierarquia, a missão especial de anunciar o Evangelho e comunicar a doutrina cristã, a fim de torna-rem mais vigorosa a Igreja nascente.

Os ministros da Igreja, por sua vez, devem ter em muito apreço o apostolado ativo dos leigos. Devem formá-los para, como membros de Cristo, tomarem consciência da sua responsabilidade em relação aos outros homens; devem instruí-los profundamente no mistério de Cristo, iniciá-los nos métodos práticos, assistir-lhes nas dificulda-des, em conformidade com o pensamento da Constituição *Lumen Gentium* e do decreto *Apostolicam Actuositatem*.

Bem respeitadas as funções e as responsabilidades próprias dos pastores e dos leigos, a nova Igreja toda intei-ra deve dar um único testemunho vivo e firme de Cristo, a fim de se tornar sinal luminoso da salvação que em Cristo vem até nós.

A diversidade na unidade

22. A semente, que é a palavra de Deus, germinando em boa terra, regada pelo orvalho divino, absorve a seiva, transforma-a e assimila-a para produzir fruto abundante. Certamente, de modo análogo à economia da encarnação, as Igrejas jovens, enraizadas em Cristo e construídas sobre o fundamento dos apóstolos, assumem por um maravilho-so intercâmbio todas as riquezas das nações que foram

dadas a Cristo em herança.[8] Recebem dos costumes e das tradições dos seus povos, da sabedoria e da doutrina, das artes e das disciplinas, tudo aquilo que pode contribuir para confessar a glória do Criador, ilustrar a graça do Salvador, e ordenar, como convém, a vida cristã.[9]

Para conseguir este objetivo, é necessário que em cada grande espaço sociocultural, como se diz, se estimule uma reflexão teológica tal que sejam sempre de

---

[8] Cf. Sl 2,8.

[9] Cf. Const. dogm. Lumen Gentium, 13.

Enfim, o terceiro aspecto aborda a complexa problemática da inculturação do Evangelho. A metáfora evangélica usada por *AG* 22 é a da semente do Reino (cf. Mt 13,19), não a da árvore transplantada. A semente é a Palavra, a terra é a cultura. Essa assimila a semente, que faz brotar da terra uma vida nova. Nesse processo devemos prestar atenção a dois princípios em ação que operam simultaneamente:

"De um lado, encontra-se o princípio 'indigenizante', o qual afirma que o Evangelho está em casa em qualquer cultura e toda cultura se encontra em casa com o Evangelho. Mas temos também o princípio 'peregrino', advertindo-nos de que o Evangelho nos colocará em descompasso com a sociedade — pois jamais existiu, no Ocidente ou no Oriente, em tempos antigos ou modernos, uma sociedade capaz de absorver a palavra de Cristo em seu sistema de forma indolor. A inculturação autêntica pode, deveras, ver o Evangelho como libertador da cultura; o Evangelho, contudo, também pode tornar-se prisioneiro da cultura" (BOSCH, *Missão transformadora*, p. 544).

O texto de *AG* 22 é bastante conciso, mas alerta sobre o conflito latente. O tema encontrará um amplo debate no período pós-conciliar.

novo investigadas, à luz da tradição da Igreja universal, as ações e as palavras reveladas por Deus, consignadas na Sagrada Escritura, e explicadas pelos Padres da Igreja e pelo magistério. Assim se entenderá mais claramente como a fé, tendo em conta a filosofia ou a sabedoria dos povos, se pode encontrar com a razão, e a maneira com que os costumes, o sentido da vida e a ordem social podem concordar com os costumes indicados pela revelação divina. Desse modo se verá o caminho de uma mais profunda adaptação em toda a extensão da vida cristã. Será assim excluída toda aparência de sincretismo e de falso particularismo, a vida cristã conformar-se-á bem ao gênio de cada cultura,[10] as tradições particulares e qualidades próprias de cada nação, esclarecidas pela luz do Evangelho, serão assumidas na unidade católica. Enfim, as novas Igrejas particulares, enriquecidas pelas suas tradições, terão o seu lugar na comunhão eclesiástica, ficando intato o primado da cátedra de Pedro, que preside à assembleia universal da caridade.[11]

É, portanto, de desejar, ou antes, convém absolutamente que as Conferências episcopais, dentro dos limites de cada grande espaço sociocultural, se unam entre si para, de comum acordo e pondo em comum os seus planos, conseguirem este objetivo da adaptação.

---

[10] Cf. Alocução de Paulo VI na canonização dos Mártires de Uganda: AAS (1964), 908.

[11] Cf. Const. dogm. Lumen Gentium, 13.

Capítulo IV
Os missionários

A vocação missionária

23. Embora a todo discípulo de Cristo incumba a obrigação de difundir a fé conforme as suas possibilidades,[1] Cristo Senhor chama sempre dentre os discípulos os que ele quer para estarem com ele e os enviar a evangelizar os povos.[2] E assim, mediante o Espírito Santo, que para utilidade comum reparte os carismas como quer,[3] inspira no

---

[1] Const. dogm. Lumen Gentium, 17.
[2] Cf. Mc 3,13s.
[3] 1Cor 12,11.

Os missionários (capítulo IV): A afirmação de princípio sobre o protagonismo das Igrejas locais na ação missionária acabou, porém, acarretando uma série de problemas: por um lado, a comunhão eclesial tem que ser repensada como comunhão entre Igrejas-irmãs; por outro, a autonomia das jovens Igrejas impõe uma reflexão e uma reorganização das forças missionárias e de seus papéis. Afinal, quem são os missionários? O que os distingue da figura do presbítero indicada por *PO* 10? Por que falar ainda de uma vocação e de um carisma específico *ad gentes*, quando toda a Igreja é missionária, chamada a assumir o compromisso missionário no sentido estrito?

A essas questões o decreto *Ad Gentes* dedica um inteiro capítulo. Também aqui não se pode pretender do texto a solução de

coração de cada um a vocação missionária, e ao mesmo tempo suscita na Igreja Institutos[4] que assumam, como tarefa própria, o dever de evangelizar, que pertence a toda a Igreja.

De fato, são distinguidos com vocação especial aqueles que, dotados de índole natural conveniente e das qualidades e talentos requeridos, estão prontos para empreender

---

[4] Por "Institutos" entendem-se as Ordens, Congregações, Institutos e Associações que trabalham nas Missões.

---

todos os problemas. Caminhos serão experimentados, discutidos e avaliados no período pós-conciliar, ao passo que as novidades do Vaticano II se assentarão em cada realidade eclesial. Contudo, cabe à reflexão conciliar o enquadramento da questão e seu encaminhamento: somente um contexto eclesiológico global pode compreender uma vocação missionária por uma especial consagração junto à vocação missionária de todos os cristãos pelo batismo.

Com efeito, o *Ad Gentes* descreve a primeira exatamente como "especial". Ela tem como tarefa essencial ir "aos que estão longe de Cristo, segregados para o trabalho ao qual foram escolhidos". Esses "segregados" dizem respeito à exclusividade: esses missionários são chamados *só para isso*. O fundamento bíblico é envio de Barnabé e Saulo pela comunidade de Antioquia em At 13,2: eles são escolhidos, "separados", para serem enviados a levar o Evangelho aos diversos povos.

Mas essa tarefa não é de toda a Igreja? Sim, responde *AG* 23: "Embora a todo discípulo de Cristo incumba a obrigação de difundir a fé conforme as suas possibilidades (Const. dogm. *Lumen Gentium*, 17), Cristo Senhor chama sempre dentre os discípulos os que ele quer para estarem com ele e os enviar a evangelizar os povos (cf. Mc 3,13-15)". Essa exclusividade não se refere apenas

o trabalho missionário,[5] quer sejam autóctones quer estrangeiros: sacerdotes, religiosos e leigos. Enviados pela legítima autoridade, partem, movidos pela fé e obediência, para junto dos que estão longe de Cristo, postos à parte para uma obra à qual foram destinados[6] como ministros do Evangelho, "a fim de que a oblação dos gentios se torne agradável, santificada pelo Espírito Santo" (Rm 15,16).

A espiritualidade missionária

24. Porém, ao chamamento de Deus, o homem deve responder de forma tal que, sem transigir com a carne e o sangue,[7] todo ele se entregue à obra do Evangelho. Mas esta resposta não pode ser dada senão por impulso e virtude do

---

[5] Cf. Pio XI, Rerum Ecclesiae: AAS (1926), 69-71; Pio XII, Saeculo exeunte: AAS 1940. 256; Evangelii Praecones: AAS (1951), 506.

[6] Cf. At 13,2.

[7] Cf. Gl 1,16.

à dedicação à tarefa missionária, mas, antes de tudo, aponta para uma singular adesão a Cristo, que leva o missionário a "renunciar a si mesmo e a tudo o mais e dedicando-se inteiramente aos outros", "viver de fato segundo o Evangelho", "dar testemunho de seu Senhor", "proclamar com confiança e ousadia sem se envergonhar do escândalo da cruz" (*AG* 24).

A estrutura dessa vocação encontra sua raiz na *Missio Dei*: "o enviado entra na vida e na missão daquele que *se esvaziou a si mesmo e assumiu a condição de servo* (Fl 2, 7)". Trata-se de uma adesão total *ad vitam*, "com a vida toda e pela vida toda", ao mistério e ao ministério de Cristo. Nessa radicalidade evangélica consistem a beleza e a verdadeira atração da vocação missionária. Ela é pura obra do Espírito, sem a inspiração do qual não é possível responder ao chamado de Deus (cf. *AG* 24).

Espírito Santo. O enviado entra, portanto, na vida e missão daquele que "esvaziou-se a si mesmo e assumiu a condição de servo" (Fl 2,7). Por conseguinte, deve estar pronto a perseverar toda a vida na vocação, a renunciar a si e a todas as suas coisas, e a "fazer-se tudo para todos".[8]

Anunciando o Evangelho aos povos, dê a conhecer confiadamente o mistério de Cristo, do qual é legado, de maneira que ouse falar nele como é necessário,[9] não se envergonhando do escândalo da cruz. Seguindo os passos do seu mestre, manso e humilde de coração, mostre que o seu jugo é suave e leve a sua carga.[10] Mediante uma vida verdadeiramente evangélica,[11] com muita paciência, longanimidade, suavidade, caridade sincera,[12] dê testemunho do seu Senhor até à efusão do sangue, se for necessário. Alcançará de Deus virtude e força para descobrir a abundância de gozo que se encerra na grande prova da tribulação e da pobreza extrema.[13] Persuada-se de que a obediência é a virtude peculiar do ministro de Cristo, que pela sua obediência redimiu o gênero humano.

Os pregoeiros do Evangelho, para não descuidar do dom da graça que têm em si, renovem-se pela transformação espiritual da sua mente.[14] Por sua vez, os Ordinários e os Superiores reúnam os missionários em tempos determinados, a fim de mais se robustecerem na esperança da vocação e se renovarem no ministério apostólico, fundando até, para isso, casas apropriadas.

---

[8] 1Cor 9,22.
[9] Cf. Ef 6,19s; At 4,31.
[10] Cf. Mt 11,29s.
[11] Cf. Bento XV, Maximum illud: AAS (1919), 449-450.
[12] Cf. 2Cor 6,4s.
[13] Cf. 2Cor 8,2.
[14] Cf. 1Tm 4,14; Ef 4,23; 2Cor 4,16.

A formação espiritual e moral

25. O futuro missionário há de preparar-se para tão sublime trabalho com esmerada formação espiritual e moral.[15] Deve, com efeito, ser capaz de tomar iniciativas, constante em levar a cabo as obras, perseverante nas dificuldades, suportando com paciência e fortaleza a solidão, a fadiga, o trabalho infrutuoso. Com mente aberta e coração dilatado, irá ao encontro dos homens; abraçará de boa vontade os trabalhos que lhe confiaram; adaptar-se-á também generosamente aos diversos costumes e variadas condições dos povos; com espírito concorde e mútua caridade colaborará com seus irmãos e com todos quantos se consagram à mesma missão, de maneira que juntamente

---

[15] Cf. Bento XV, Maximum illud: AAS (1919), 448-449; Pio XII, Evangelii Praecones: AAS (1951), 507. Na formação dos sacerdotes missionários deve tomar-se em conta o que se prescreve no Decreto De Institutione sacerdotali.

Contudo, não se nasce missionário: torna-se missionário. Para isso a palavra de ordem é, mais uma vez, formação. Trata-se de uma formação específica para a ação missionária *ad gentes* que contempla, em primeiro lugar, uma abordagem de ordem interior, espiritual. É preciso olhar, antes de mais nada, para a pessoa do missionário e da missionária, e trabalhar suas aptidões para que tenha uma mente aberta, um coração dilatado e uma força de vontade que o torne "capaz de tomar iniciativas, constante em levar a cabo as obras, perseverante nas dificuldades, suportando com paciência e fortaleza a solidão, a fadiga, o trabalho infrutuoso" (*AG* 25). É necessário portanto que o missionário seja homem de oração, imbuído de fé e animado por uma esperança a toda prova, num espírito vivo de amor e no cultivo de todas as virtudes, a começar pela sobriedade (cf. *AG* 25).

com os fiéis, imitando a comunidade apostólica, tenham um só coração e uma só alma.[16]

Estas disposições de espírito sejam diligentemente exercitadas, cuidadosamente cultivadas, elevadas e alimentadas com a vida espiritual, já desde o tempo da formação. Penetrado de fé viva e esperança indefectível, o missionário seja homem de oração; arda no espírito de fortaleza, de caridade e de temperança;[17] aprenda a adaptar-se às necessidades;[18] pelo espírito de sacrifício, leve em si o estado de morte de Jesus, a fim de que a vida de Jesus opere naqueles aos quais é enviado;[19] com verdadeiro zelo gaste tudo e desgaste-se a si mesmo pelo bem das almas,[20] de tal forma que, "mediante o exercício diário do seu ministério, cresça no amor de Deus e do próximo".[21] Desta sorte, obedecendo com Cristo à vontade do Pai, continuará a sua missão sob a autoridade hierárquica da Igreja, e cooperará no mistério da salvação.

A formação doutrinal e apostólica

26. Os que forem enviados aos diversos povos, como bons ministros de Cristo, devem ser "nutridos com as

---

[16] Cf. At 2,42; 4,32.
[17] Cf. 2Tm 1,7.
[18] Cf. Fl 4,11.
[19] Cf. 2Cor 4,10ss.
[20] Cf. 2Cor 12,15s.
[21] Const. dogm. Lumen Gentium, 41.

Em segundo lugar, ou como uma segunda etapa, vem a formação intelectual e pastoral. A missão é a "mãe da teologia", afirmou o teólogo sistemático Martin Kähler ainda em 1908. Os próprios escritores neotestamentários compuseram suas obras

palavras da fé e da boa doutrina" (1Tm 4,6), que haurirão primeiramente na Sagrada Escritura, perscrutando o mistério de Cristo, de quem serão arautos e testemunhas.

E, assim, todos os missionários — sacerdotes, irmãos, irmãs, leigos — sejam preparados e formados, cada qual segundo a sua condição, de maneira a estarem à altura das exigências do trabalho futuro.[22] Já desde o começo, a sua formação doutrinal se processe de tal modo que abranja tanto a universalidade da Igreja como a diversidade das nações. Isso vale tanto de todas as disciplinas em que se formam para o desempenho do ministério, como das outras ciências úteis para o conhecimento dos povos, das culturas, das religiões, com vistas não só ao passado mas também ao tempo presente. Aquele, pois, que é destinado a outra nação tenha em grande apreço o seu patrimônio, língua e costumes. Ao futuro missionário importa sumamente que se aplique aos estudos missiológicos, isto é, a conhecer a doutrina e normas da Igreja em matéria de atividade missionária, a informar-se sobre os caminhos percorridos pelos arautos do Evangelho ao longo dos séculos,

---

[22] Cf. Bento XV, Maximum illud: AAS (1919), 440; Pio XII, Evangelii Praecones: AAS (1951), 507.

"no contexto de uma 'situação emergencial', de uma Igreja que, por causa de seu encontro missionário com o mundo, *era forçada a fazer teologia*" (BOSCH, *Missão transformadora*, p. 34). *Fazer* teologia sempre foi, e mais ainda nos dias de hoje, uma tentativa de dar resposta às perguntas e às provocações que vêm da experiência missionária do encontro com os outros. Eis então que a formação missionária não pode perder de vista "a universalidade da Igreja e a diversidade dos povos" (*AG* 26), seus anseios, suas angústias e esperanças, suas preocupações e questionamentos.

como também sobre a condição presente das missões e sobre os métodos considerados hoje mais eficazes.[23]

Embora toda a formação deva estar imbuída de solicitude pastoral, ministre-se-lhes, contudo, peculiar e bem orientada formação apostólica quer teórica quer prática.[24]

Forme-se o maior número possível de irmãos e de irmãs em catequética para darem maior colaboração no apostolado.

Mesmo aqueles que se dedicam só por algum tempo à ação missionária devem ter a formação adequada à sua condição.

Estas diversas espécies de preparação, porém, devem ser completadas nas próprias terras de missão, de modo que os missionários adquiram mais profundo conhecimento da história, das estruturas sociais e dos costumes dos povos, e se inteirem da ordem moral e dos preceitos religiosos, bem como do verdadeiro pensamento que esses povos, conforme suas tradições sagradas, possuem acerca de Deus, do mundo e do homem.[25] Quanto às línguas, aprendam-nas de modo a usá-las com facilidade e elegância, e terem, assim, mais fácil acesso à inteligência e ao coração dos homens.[26] Finalmente, sejam iniciados nas necessidades pastorais características da terra.

---

[23] Bento XV, Maximum illud: AAS (1919), 448; Decr. da S. C. P. F., 20 de maio de 1923: AAS (1923), 369-370; Pio XII, Saeculo exeunte: AAS (1940), 256; Evangelii Praecones: AAS (1957), 507; João XXIII, Princeps Pastorum: AAS (1959), 843-844.

[24] Decr. De Institutione sacerdotali, 19-21; Const. Apost. Sedes Sapientiae, com os Estatutos gerais.

[25] Pio XII, Evangelii Praecones: AAS (1951), 523-524.

[26] Bento XV, Maximum illud: AAS (1919), 448; Pio XII, Evangelii Praecones: AAS (1951), 507.

Haja também pessoal preparado de modo mais profundo em Institutos missiológicos ou em outras Faculdades ou Universidades, que possa desempenhar cargos de maior responsabilidade,[27] e, com a sua ciência, auxiliar os outros missionários no exercício da obra evangelizadora, que, na hora atual, apresenta tantas dificuldades e ocasiões favoráveis. Além disso, é muito para desejar que as Conferências episcopais regionais tenham à sua disposição bom número destes peritos e que, nas necessidades do próprio cargo, façam proveitoso uso do seu saber e experiência. Nem falte igualmente quem saiba usar com perícia os instrumentos técnicos e de comunicação social, cuja importância todos reconheçam devidamente.

Os Institutos missionários

27. Tudo isto, embora absolutamente necessário a cada um dos enviados ao campo do apostolado, na realidade,

---

[27] Cf. Pio XII, Fidei donum: AAS (1957), 234.

Da mesma forma, essa formação deve ser "integral", não apenas bíblico-teológica, mas deve compreender "outras ciências para adquirir um conhecimento geral dos povos, de suas culturas e religiões", deve ser histórica, para "saber os caminhos trilhados pelo Evangelho através dos séculos", e também prática. Um particular cuidado deve ser dado à aprendizagem das línguas. Esse é um fator vital para o missionário, ao ponto que obriga adotar o critério de envio de forças jovens para as missões. Um primeiro envio em terra estrangeira não é aconselhável que aconteça depois de certa etapa da vida. Depois dos 35/40 anos de idade, a aprendizagem das línguas, sobretudo orientais e/ou indígenas, se torna um exercício extenuante com resultados bem aquém do desejável.

dificilmente pode ser conseguido pelos indivíduos isolados. Visto que a própria obra missionária, como prova da experiência, não pode ser realizada pelos indivíduos isolados, a vocação comum reuniu-os em Institutos, nos quais, pelo esforço comum, se formem convenientemente e executem essa tarefa em nome da Igreja e segundo a vontade da autoridade hierárquica. Os Institutos, desde há muitos séculos que suportaram o peso do dia e do calor, consagrando-se inteiramente ou em parte ao trabalho apostólico. Muitas vezes a Santa Sé confiou à sua evangelização vastos territórios, nos quais reuniram para Deus um novo povo, uma Igreja local à volta dos seus próprios Pastores. A essas Igrejas, fundadas à custa do seu suor e até do seu sangue, prestarão serviços com zelo e experiência em fraterna cooperação, seja na cura das almas, seja em cargos especiais em função do bem comum.

Algumas vezes, tomarão a seu cargo em toda uma região certos trabalhos mais urgentes, como, por exemplo, a evangelização de grupos ou de povos que, devido

---

Todas essas orientações dão um quadro das complexas exigências formativas que a missão *ad gentes* impõe, desde o contexto de origem do missionário, até o campo final de missão. Por isso se recomenda que se enviem os elementos melhores e mais capacitados (cf. *AG* 38) e, particularmente, que esses façam parte de um instituto missionário, pois dificilmente os indivíduos sozinhos conseguirão estar à altura de tantas exigências (cf. *AG* 27). Essa necessidade permite abordar, por um aceno, a missão *ad gentes* como discurso essencialmente comunitário. Por outro lado, é impensável deixar o imenso trabalho missionário no mundo inteiro apenas por conta das iniciativas das Igrejas locais. Por isso, o Concílio afirma que os institutos missionários continuam absolutamente necessários.

a especiais razões, ainda não receberam a boa-nova do Evangelho, ou a ela resistiram até ao presente.[28]

Se for preciso, dediquem-se a formar e ajudar com a sua experiência aqueles que se consagram por um tempo determinado à ação missionária.

Por todos estes motivos, e porque há ainda numerosos povos para conduzir a Cristo, os Institutos continuam a ser da máxima necessidade.

---

[28] Cf. De ministerio et vita presbyterorum, 10, onde se trata das dioceses, prelaturas pessoais e coisas parecidas.

Em 28 de abril de 2009, a 47ª Assembleia Geral da CNBB reunida em Itaici, Indaiatuba-SP, ao debater sobre a escassez de clero na Amazônia, e ao perceber que o intercâmbio entre Igrejas não deu os frutos esperados, pronunciou-se a favor da criação de um Instituto Missionário ligado à CNBB (Conferência Nacional dos Bispos do Brasil. *47ª Assembleia Geral.* Ata n.6, par. 77).

Capítulo V
A organização da atividade missionária

Introdução

28. Os fiéis, em virtude de possuírem dons diferentes,[1] devem colaborar no Evangelho, cada um segundo as suas possibilidades, aptidões, carismas e ministérios.[2] É ainda necessário que todos os que semeiam e os que segam,[3] os que plantam e os que regam, sejam um só,[4] a fim de que,

---

[1] Cf. Rm 12,6.

[2] Cf. 1Cor 3,10.

[3] Cf. Jo 4,37.

[4] Cf. 1Cor 3,8.

Os meios (capítulos V e VI): Eis então que a ação missionária estendida a todos os povos deve contar com uma organização bem estruturada e com meios adequados, sob pena de seu imediato fracasso. Essa organização consiste, em primeiro lugar, num imenso trabalho de articulação entre todos os cristãos, pois "incumbe a cada discípulo de Cristo o dever de disseminar a fé" (*LG* 17), "cada um segundo as suas possibilidades, aptidões, carismas e ministérios" (*AG* 28). A missão não é apenas toda ação da Igreja, mas é também toda a Igreja comprometida em um anúncio do Evangelho em situações específicas que mais manifestam essa urgência (cf. *AG* 6).

"conspirando livre e ordenadamente para o mesmo fim",[5] empreguem unanimemente as suas forças na edificação da Igreja.

Por isso, os trabalhos dos arautos do Evangelho e os auxílios dos restantes fiéis devem ser orientados e unidos de modo a que tudo se faça com ordem (1Cor 14,40) em todas as atividades e esferas da cooperação missionária.

A organização geral

29. O cuidado de anunciar o Evangelho em todas as partes da terra pertence, antes de mais, ao corpo episcopal;[6] por isso, o Sínodo episcopal ou "Conselho permanente de bispos para toda a Igreja",[7] entre os assuntos de importância

---

[5]   Const. dogm. Lumen Gentium, 18.

[6]   Const. dogm. Lumen Gentium, 23.

[7]   Motu proprio Apostolica Sollicitudo, 15 set. 1965.

A complexidade dessa ação eclesial que envolve a todos, que está ainda no começo (cf. *RMi* 1), que tem por destinatários a maioria dos homens e das mulheres da humanidade, requer um extraordinário trabalho de coordenação entre aqueles que semeiam e aqueles que colhem, aqueles que plantam e aqueles que regam.

A organização da ação missionária (capítulo V): Sendo o maior e mais santo dever da Igreja (*maximi sanctissimique Ecclesiae muneris, AG* 29), a ação missionária "no sentido estrito" diz respeito aos bispos (cf. *LG* 23). Eles são chamados a articular essa ação em diversos níveis: mundial, regional e local.

O primeiro nível é garantido pelo dicastério de *Propaganda Fide*, o qual deve ser responsável por todas as missões e atividades missionárias, de maneira a dirigir e a coordenar em toda a terra o trabalho missionário e de cooperação com as missões (cf. *AG* 29).

geral,[8] deve atender de modo especial à atividade missionária, que é a principal e a mais sagrada da Igreja.[9]

---

[8] Paulo VI, Aloc. ao Concílio, no dia 21-11-1964: AAS 56 (1964).

[9] Bento XV, Maximum illud: AAS, (1913), 39-40.

Essa congregação romana foi instituída em 1622 pelo papa Gregório XV. Na época, teve o importante papel de tirar das coroas de Espanha e Portugal a concessão do direito de padroado, ou seja, a delegação de evangelizar as terras colonizadas, e atribuir essa responsabilidade exclusivamente ao Papa.

Isso criou um poder central de tamanha consistência que tem direta e exclusiva competência sobre os "territórios de missão", quer dizer sobre bem 1.095 circunscrições eclesiásticas no mundo inteiro, algumas das quais são ainda chamadas "vicariatos apostólicos" (cf. CIC 371), equiparados a dioceses, mas, como o próprio nome denuncia ("vicário" significa "substituto"), não têm uma completa autonomia: eles dependem de Roma.

Paulo VI, com a Constituição *Regimini Ecclesiae Universae* (1967), recompôs as tarefas da Cúria Romana segundo as diretivas do Concílio. A Congregação de *Propaganda Fide* assumiu o nome de Congregação para a Evangelização dos Povos. Essa Congregação é atualmente constituída por 46 membros — 32 cardeais, 5 arcebispos, 2 bispos, 4 diretores nacionais das Pontifícias Obras Missionárias, 3 superiores-gerais — e é presidida por um cardeal prefeito. Essa composição foi uma inovação introduzida por *AG* 29, depois de exaustivas negociações, para que o conselho central da congregação não fosse constituído apenas por cardeais, mas também de "bispos de todo o mundo, de acordo com o parecer das respectivas Conferências episcopais, superiores dos institutos e das obras pontifícias". Essa participação não tinha que ser somente consultiva; devia ser ativa e contemplar o voto deliberativo por parte de todos seus membros.

Para todas as missões e para toda a atividade missionária, haja um só dicastério competente, a saber, a Congregação de "Propaganda Fide", que orientará e coordenará, em todo o mundo, tanto a atividade como a cooperação missionária, ressalvando-se contudo, o direito das Igrejas orientais.[10]

Embora o Espírito Santo desperte, de muitos modos, na Igreja de Deus, o espírito missionário, e não poucas vezes se anteceda à ação dos que governam a vida da Igreja, este dicastério, contudo, deve promover, da sua parte, a vocação e a espiritualidade missionária, o zelo e a oração pelas missões, e uma exata e adequada informação sobre elas. Suscite e distribua os missionários, segundo as necessidades mais urgentes das regiões. Organize um plano de ação; dele promanem as normas diretivas, os princípios para a evangelização e dele procedam os impulsos. Incite e coordene a recolha eficaz de subsídios, que se devem distribuir segundo a medida da necessidade ou da utilidade, da extensão do território, do número de fiéis e infiéis, das obras e das instituições, dos auxiliares e dos missionários.

Em união com o "Secretariado para a união dos cristãos" procure os meios de realizar e ordenar a colaboração fraterna e a convivência com as iniciativas missionárias de outras comunidades cristãs, a fim de evitar, quanto possível, o escândalo da divisão.

Por isso, importa que este dicastério seja tanto instrumento de administração como órgão de direção dinâmica,

---

[10] Se algumas Missões, por razões particulares, estão sob a jurisdição de outros Dicastérios, importa que estes estejam em comunicação com a S. Congregação De Propaganda Fide, para que possa haver uma regra e norma constante e uniforme, na ordenação e direção de todas as Missões.

empregando os métodos científicos e os instrumentos adaptados às condições atuais, e tendo em consideração a hodierna investigação da teologia, metodologia e da pastoral missionária.

Na direção deste dicastério, tenham parte ativa, com voto deliberativo, representantes escolhidos de todos aqueles que trabalham na obra missionária: os bispos de todo o mundo, depois de ouvidas as Conferências episcopais, e os Superiores dos Institutos e das Obras pontifícias, segundo as normas e critérios que o Romano Pontífice estabelecer. Todos estes, que hão de ser convocados em datas fixas, exerçam, sob a autoridade do Sumo Pontífice, a suprema orientação de toda a obra missionária.

Esteja à disposição deste dicastério um grupo permanente de consultores peritos, de reconhecida ciência e experiência, aos quais pertence, entre outras coisas, reunir uma informação oportuna sobre as condições locais das várias regiões, a mentalidade dos diferentes grupos humanos, os métodos de evangelização a empregar, e propor conclusões cientificamente fundadas para a cooperação missionária.

Estejam convenientemente representados os Institutos de religiosas, as obras regionais a favor das missões, e as organizações de leigos, sobretudo as internacionais.

A organização local

30. Para que, no exercício da obra missionária, se atinjam os fins e os resultados, devem todos os operários missionários ter um "só coração e uma só alma" (At 4,32).

Pertence ao Bispo, como chefe e centro de unidade no apostolado diocesano, promover, dirigir e coordenar a atividade missionária, mas de tal modo que se conserve e fomente a iniciativa espontânea dos que participam na obra. Todos os missionários, mesmo os religiosos isentos, estão sob a sua jurisdição nos vários trabalhos que dizem respeito ao exercício do apostolado.[11] Para melhor coordenação, constitua o Bispo, à medida do possível, um Conselho pastoral, em que participem, por meio de delegados escolhidos, os clérigos, os religiosos e os leigos. Procure ainda que a ação apostólica não se limite aos convertidos, mas que os operários e os subsídios se destinem equitativamente à evangelização dos não cristãos.

A coordenação regional

31. As Conferências episcopais resolvam, de comum acordo, as questões mais graves e os problemas mais urgentes, sem menosprezarem, contudo, as diferenças

---

[11] Decr. De pastorali Episcoporum munere in Ecclesia, 35, 4.

Desse nível geral e central, por assim dizer, se passa diretamente à organização local das missões, quase a afirmar a imediata ligação das missões com *Propaganda Fide*. O texto é sucinto, chama a atenção para a comunhão na ação missionária, o apoio às iniciativas espontâneas dos que participam do trabalho, e que a atividade apostólica não se limite às pessoas já convertidas (cf. *AG* 30): a tentação de se fechar na pastoral é a mesma em todas as comunidades cristãs do mundo.

Outro grande limite que as comunidades dos seis continentes partilham entre si é a dificuldade em juntar as forças, os recursos humanos e materiais em obras que servem ao bem comum de todos. Essa tarefa é delegada a uma coordenação regional constituída pelas próprias conferências episcopais (cf. *AG* 31).

locais.[12] Para não dissipar o número já insuficiente de pessoas e de subsídios e não multiplicar sem necessidade as iniciativas, recomenda-se a fundação de obras comuns que sirvam para o bem de todos; por exemplo, seminários, escolas superiores e técnicas, centros de pastoral, catequética, litúrgica e dos meios de comunicação social.

Organize-se igualmente uma oportuna cooperação entre as diversas Conferências episcopais.

A organização da atividade dos Institutos

32. É ainda de máxima importância coordenar as atividades exercidas pelos Institutos ou Associações eclesiásticas. Todos eles, seja qual for o seu gênero, devem secundar o Ordinário do lugar, em tudo o que se relaciona com a atividade missionária. Por isso, aproveitará muito realizar acordos particulares, em que se regulem as relações entre o Ordinário do lugar e o superior do Instituto.

---

[12]   Decr. De pastorali Episcoporum munere in Ecclesia, 36-38.

Também a atividade dos institutos e das organizações missionárias precisa ser contemplada numa pastoral de conjunto, que deve caber ao bispo. Esse item é muito importante para as situações propriamente missionárias, pois a presença dessas entidades constitui muitas vezes a maioria do contingente missionário. Por isso, recomenda-se que sejam feitos acordos escritos especificando em que termos hão de colaborar a autoridade eclesiástica (cf. *AG* 32). Esses acordos normalmente preveem a área missionária confiada ao instituto, o tipo de trabalho, as obras a serem iniciadas ou levadas adiante, o tempo de duração da missão, a destinação dos recursos financeiros da e para a missão, o salário dos missionários (que é uma exigência evangélica: cf. Mt 10,10; 1Cor 9,14).

Quando a um Instituto for confiado um território, o superior eclesiástico e o Instituto tenham muito a peito orientar tudo para que a nova comunidade cristã se transforme em Igreja local, a qual, no momento oportuno, será governada por Pastor próprio, com o seu clero.

Ao acabar o encargo do território, surge uma nova condição. Então, as Conferências episcopais e os Institutos, de comum acordo, estabeleçam as normas que hão de reger as relações entre os Ordinários de lugar e os Institutos.[13] Contudo, pertence à Santa Sé estabelecer os princípios gerais, pelos quais se organizarão os acordos regionais ou até particulares.

Os Institutos devem estar prontos a continuar a obra começada, colaborando no ministério ordinário da cura de almas: mas, com o aumento do clero local, deve providenciar-se a que os Institutos, à medida que for conforme à sua finalidade, se mantenham fiéis à própria diocese, encarregando-se generosamente de obras especiais ou de alguma região.

---

[13] Decr. De pastorali Episcoporum munere in Ecclesia, 35, 5-6.

De acordo com *AG* 19, a atividade missionária tem uma meta precisa: constituir uma Igreja autônoma. Portanto, a missão e os missionários devem planejar sua ação para chegar ao dia em que não serão mais necessários. Uma vez cumprida essa meta, não deverão se "acomodar" no ministério ordinário da cura das almas, mas são chamados a buscar, segundo seus objetivos e carismas, uma forma de conciliar a finalidade do instituto com alguma necessidade especial da diocese ou para o trabalho em alguma região que exija maior dedicação (cf. *AG* 32), entregando o trabalho realizado ao clero local.

A coordenação entre os Institutos

33. Os diversos Institutos que se dedicam à atividade missionária no mesmo território procurem os processos e os modos de coordenar as suas obras. Serão, portanto, de grande utilidade, as Conferências de religiosos e as Uniões de religiosas, em que participem todos os Institutos da mesma nação ou região. Vejam estas Conferências o que se pode fazer, pela colaboração de todos, e mantenham estreitas relações com as Conferências episcopais.

Tudo isto, por igual motivo, convém estendê-lo à colaboração dos Institutos missionários na sua pátria de origem, de modo que mais facilmente e com menos despesas se possam resolver os assuntos e empreendimentos comuns, como, por exemplo, a formação doutrinal dos futuros missionários, os cursos para missionários, as relações com as autoridades civis ou organismos nacionais e internacionais.

Assim como as conferências episcopais, também os institutos missionários devem contar com suas conferências de religiosos e religiosas para coordenar e qualificar atividades e iniciativas comuns, particularmente — mais uma vez — a formação dos missionários (cf. *AG* 33). Para isso, funcionam em vários países Centros de Animação e Formação Missionária promovidos pelas conferências episcopais e pelas Pontifícias Obras Missionárias, como também cursos de formação inicial e permanente em nível de institutos missionários e congregações religiosas. O objetivo é ousado e exigentíssimo, ao ponto de que o mundo acadêmico também é chamado a colaborar, pois "o reto e ordenado exercício da atividade missionária exige que os operários evangélicos se preparem cientificamente para a sua função, sobretudo para o diálogo com as religiões e culturas não cristãs" (*Ag* 34).

A coordenação entre os Institutos científicos

34. Como o reto e ordenado exercício da atividade missionária exige que os operários evangélicos se preparem cientificamente para a sua função, sobretudo para o diálogo com as religiões e culturas não cristãs, e que sejam ajudados eficazmente na execução, é de desejar que colaborem entre si fraterna e generosamente a favor das missões todos os Institutos científicos que estudam missiologia e outras disciplinas ou artes úteis às missões, como a etnologia e a linguística, a história e a ciência das religiões, a sociologia, os métodos pastorais e outras coisas semelhantes.

A cooperação na ação missionária (capítulo VI): Nenhuma ação missionária seria viável se não contasse com a participação de toda uma Igreja. Por "toda" podemos entender concretamente uma vasta rede de pessoas, grupos e relações que dão vida a uma ação comunitária eclesial. Também a ação missionária "no sentido estrito" (*AG* 6) não se sustenta de forma alguma somente com a figura do missionário. Como acabamos de ver, uma complexa organização deve ser montada desde a formação até o cumprimento dos objetivos da missão.

Capítulo VI
A cooperação

Introdução

35. Dado que a Igreja é toda ela missionária, e a obra de evangelização dever fundamental do Povo de Deus, este sagrado Concílio exorta todos a uma profunda renovação interior, para que tomem viva consciência das próprias responsabilidades na difusão do Evangelho e assumam a parte que lhes compete na obra missionária junto dos gentios.

Portanto, o último capítulo do decreto *Ad Gentes* introduz o tema da cooperação e da participação eclesial na ação missionária aos povos, "no sentido estrito", propondo uma ideia de fundo e uma atitude básica para todas as comunidades: evangelizar é dever fundamental do Povo de Deus (*officium Populi Dei fundamentale*); portanto, o concílio convida todos a uma profunda renovação interior (cf. *AG* 35). O Documento de Aparecida falará de "conversão pastoral e renovação missionária das comunidades" (*DAp* 7.2) quase como se fosse uma novidade, assim como a *Redemptoris Missio* afirmará que "impõe-se uma conversão radical da mentalidade para nos tornarmos missionários" (*RMi* 49). Mas o Vaticano II já tinha declarado isso de maneira decidida e solene há cinquenta anos.

A partir daqui, o *Ad Gentes* aprofunda o assunto. Esse "dever fundamental do Povo de Deus" se desdobra como compromisso

O dever missionário do Povo de Deus

36. Todos os fiéis, como membros de Cristo vivo e a ele incorporados e configurados não só pelo batismo mas também pela confirmação e pela eucaristia, estão obrigados, por dever, a colaborar no crescimento e na expansão do seu corpo para o levar a atingir, quanto antes, a sua plenitude.[14]

Por isso, todos os filhos da Igreja tenham consciência viva das suas responsabilidades para com o mundo, fomentem em si um espírito verdadeiramente católico, e ponham as suas forças ao serviço da obra da evangelização.

---

[14] Ef 4,13.

---

para os diversos sujeitos eclesiais, nessa ordem: dever missionário do Povo de Deus, de cada comunidade cristã, dos bispos, dos presbíteros, dos religiosos e dos leigos.

Em primeiro lugar, pelo batismo *"todos os fiéis*, como membros de Cristo vivo e a ele incorporados e configurados não só pelo batismo mas também pela confirmação e pela eucaristia, estão obrigados, por dever, a colaborar no crescimento e na expansão do seu corpo para o levar a atingir, quanto antes, a sua plenitude" (*AG* 36). Não é uma obrigação ser cristão. A gente *se torna* cristão, discípulo do Senhor, quando adere livre e espontaneamente à proposta de Jesus. Porém, uma vez que a gente adere à proposta de Jesus, a missão não é mais uma opção: é uma obrigação, porque é a natureza da própria vocação cristã. Essa natureza, que tem origem no amor ilimitado do Pai, se expressa numa ação que não tem fronteiras: se nossa missão fosse geográfica, cultural, étnica, socialmente ou eclesialmente limitada e se dirigisse somente a uma pequena clientela de "eleitos", ela se tornaria excludente, portanto, não evangélica.

Saibam todos, porém, que o primeiro e mais irrecusável contributo para a difusão da fé é viver profundamente a vida cristã. Pois o seu fervor no serviço de Deus e a sua caridade para com os outros é que hão de trazer a toda a Igreja o sopro de espírito novo que a faça aparecer como um sinal levantado entre as nações,[15] como "luz do mundo" (Mt 5,14) e "sal da terra" (Mt 5,13). Este testemunho de vida produzirá mais facilmente o seu efeito se for dado conjuntamente com as outras comunidades cristãs, segundo as normas do decreto sobre o ecumenismo.[16]

Deste espírito renovado brotará espontaneamente a oferta de orações e de obras de penitência a Deus, para que fecunde com a sua graça a ação dos missionários; dele nascerão vocações missionárias e sairão os recursos de que as missões necessitam.

Porém, para que todos e cada um dos fiéis conheçam plenamente o estado atual da Igreja no mundo e ouçam a voz das multidões que clamam: "Vinde em nosso auxílio",[17] facilitem-se, até pelos meios modernos de comunicação social, notícias missionárias tais que os façam sensíveis à atividade missionária e lhes abram o coração

---

[15] Cf. Is 11,12.

[16] Cf. Decr. sobre o Ecumenismo, 12.

[17] Cf. At 16,9.

"Todos os filhos da Igreja tenham consciência viva das suas responsabilidades para com o mundo, fomentem em si um espírito verdadeiramente católico", declara *AG* 36. No entanto, nossa permanente tentação é de olhar para o nosso umbigo, limitar o campo da evangelização ao nosso quintal. Muitas vezes nem isso conseguimos fazer, e cuidamos apenas daqueles que já alcançamos.

a tão profundas e imensas necessidades dos homens para lhes poderem valer.

É também necessária uma coordenação das notícias e a cooperação com os órgãos nacionais e internacionais.

Vivemos num mundo globalizado — queiramos ou não queiramos — que nos impele para uma visão mundial dos desafios e das perspectivas para a humanidade. Somos cidadãos mundiais que precisam cuidar do planeta-casa e da humanidade-família. Hoje, o cristão é chamado, por vocação, mais do que qualquer outra pessoa, a ser universal, ou seja, uma pessoa que tem responsabilidade não só sobre si e sua comunidade, mas sobre o mundo inteiro através de suas opções, suas atitudes, sua consciência e seus compromissos. Numa época de globalização como a nossa, não é mais possível pensarmos em termos paroquiais, regionais, nacionais ou continentais: são pequenos demais.

É preciso, portanto, nos educar a uma espiritualidade universal: "Fomentem em si um espírito verdadeiramente católico" (*AG* 36). Muitas vezes lembra-se aos cristãos que eles são missionários pelo Batismo e por sua própria vocação, mas não se recorda, com o mesmo ânimo, que são *universais*, "católicos", e que têm compromissos com o mundo inteiro. Sem essa característica se desvirtua completamente o ser discípulo missionário. A paixão pelo mundo, própria da vocação cristã, se expressa no sentir e no vibrar profundamente pela humanidade inteira, e em ser capaz de realizar gestos simples, ousados e concretos de solidariedade e de partilha com os outros povos, até o envio de missionários e missionárias além-fronteiras. Em outras palavras, "pensar mundialmente e agir localmente". Nesse sentido a missão *ad gentes* mantém no seu horizonte de compromisso uma dimensão *ad extra* absolutamente indeclinável. Documentos da e para as Igrejas latino-americanas e caribenhas, desde Puebla, relembram contínua e insistentemente esse compromisso além-fronteiras às nossas comunidades (Cf. *Puebla*, 360; *Santo Domingo*, 125-128; *Ecclesia in America*, 74; *DAp*, 376).

O dever missionário das comunidades cristãs

37. Como o Povo de Deus vive em comunidades, sobretudo diocesanas e paroquiais, e é nelas que de certo modo se torna visível, pertence a estas dar também testemunho de Cristo perante as nações.

Claro que nem todos podem partir para uma missão além--fronteiras. Isso responde a uma vocação específica de alguém escolhido. Mas todos devem participar dessa missão além-fronteiras de três maneiras: espiritualmente, com "orações e penitências em vista de tornar fecunda a atividade missionária"; economicamente, para "não permitir que faltem os recursos necessários à missão" (*AG* 35); vocacionalmente, para que "venham a surgir futuros mensageiros do Evangelho" (*AG* 39).

Para que isso aconteça é necessário que se faça uso dos meios de comunicação, para que todos conheçam "a situação da Igreja no mundo e ouçam a voz das multidões que estão gritando". Informar é a primeira tarefa de uma animação missionária (Cf. CONGREGAÇÃO PARA A EVANGELIZAÇÃO DOS POVOS, *Cooperatio Missionalis*, 2) do Povo de Deus (cf. *RMi* 83), pois o que se desconhece não se ama, e o que não se ama não desperta nenhum desejo de "sentir como própria a atividade missionária", e de abrir o coração diante das imensas e profundas necessidades de populações inteiras e das inúmeras formas possíveis de ajuda (cf. *AG* 36).

O Concílio, na eleição da Igreja local como sujeito da missão (cf. *LG* 26; *Ag* 20), se refere a ela não apenas como protagonista da missão contextual, e sim também da missão universal, seguindo o princípio da comunhão de Igrejas. O adjetivo "local" não significa uma restrição da universalidade, mas indica o lugar no qual a universalidade deve concretamente mostrar-se. Eis então uma declaração que deveria estar estampada em caracteres garrafais no frontispício de todas as igrejas: "A graça da renovação não

A graça da renovação não pode crescer nas comunidades, a não ser que cada uma dilate o âmbito da sua caridade até aos confins da terra e tenha igual solicitude pelos que são de longe como pelos que são seus próprios membros.

Assim, toda a comunidade reza, coopera e exerce atividade entre os gentios, por meio dos seus filhos a quem Deus escolheu para este importantíssimo encargo.

É muito útil, contanto que não crie desinteresse pela obra missionária universal, manter relações com os missionários oriundos da própria comunidade ou com determinada paróquia ou diocese das missões, para tornar visível a comunhão entre as comunidades e contribuir para mútua edificação.

O dever missionário dos bispos

38. Todos os bispos, como membros do corpo episcopal, sucessor do colégio apostólico, são consagrados não só em benefício duma diocese mas para salvação de todo o mundo. O mandato de Cristo de pregar o Evangelho a toda

---

pode crescer nas comunidades, a não ser que cada uma dilate o âmbito da sua caridade até aos confins da terra e tenha igual solicitude pelos que são de longe como pelos que são seus próprios membros" (*AG 37*).

Essas palavras proféticas do Concílio Vaticano II parecem semear uma praga: se não estendermos os laços da caridade até os confins da terra, não acontecerá nenhuma renovação significativa no nosso interno. Na lógica do Evangelho isso faz perfeitamente sentido. Pior é que isso acontece mesmo: será que o cansaço e a desilusão em nossas comunidades não se devem, em parte, a essa falta de ousadia e de abertura?

criatura[18] afeta-os primária e imediatamente a eles, com Pedro e sob Pedro. Daí nascem aquela comunhão e cooperação das Igrejas, hoje tão necessárias para continuar a obra da evangelização. Em virtude desta comunhão, cada uma das Igrejas leva em si a solicitude por todas as outras, manifestam umas às outras as próprias necessidades, comunicam entre si as suas coisas, pois a dilatação do corpo de Cristo é dever de todo o colégio episcopal.[19]

Na sua diocese, o Bispo, que forma uma só coisa com ela ao suscitar, promover e dirigir a obra missionária, torna presentes e como que palpáveis o espírito e o ardor missionário do Povo de Deus de maneira que toda a diocese se torna missionária.

É da responsabilidade do Bispo suscitar no seu povo, e sobretudo entre os doentes e os oprimidos, almas que

---

[18]   Mc 16,15.
[19]   Cf. Const. dogm. Lumen Gentium, 23-24.

A partir dessas afirmações, e muito mais da nova eclesiologia do Vaticano II, "os bispos, como membros do corpo episcopal, sucessor do colégio apostólico, são consagrados não só em benefício duma diocese [...]. Daí nascem aquela comunhão e cooperação das Igrejas, hoje tão necessárias para continuar a obra da evangelização" (*AG 38*), que se concretiza numa obra de animação missionária (despertar, favorecer, promover, exortar), particularmente através das Pontifícias Obras Missionárias (o concílio diz que essas obras devem estar em primeiro lugar na animação missionária. As Pontifícias Obras Missionárias [POM] são quatro: a obra da *Propagação da Fé*, fundada em 1822, que tem como objetivo a animação missionária do Povo de Deus; a *Infância Missionária* [1843], cuja finalidade é a animação missionária de crianças, adolescentes e jovens; a obra de *São Pedro Apóstolo*

ofereçam a Deus, de todo o coração, orações e penitências pela evangelização do mundo: favorecer de bom grado as vocações de jovens e até de clérigos para os Institutos missionários, aceitando reconhecido que Deus escolha alguns para a atividade missionária da Igreja; exortar e ajudar as Congregações diocesanas para que assumam a sua parte nas missões; promover junto dos seus fiéis as obras dos Institutos missionários, sobretudo as Obras missionárias pontifícias. Com todo o direito se deve dar o primeiro lugar a estas Obras, uma vez que são meios quer para dar aos católicos um sentido verdadeiramente universal e missionário logo desde a infância, quer para promover coletas eficazes de subsídios para o bem de todas as missões segundo as necessidades de cada uma.[20]

Como cresce de dia para dia a necessidade de operários na vinha do Senhor e os sacerdotes diocesanos desejam, eles também, ter parte cada vez maior na evangelização do mundo, este sagrado Concílio deseja que os bispos, ponderando a gravíssima penúria de sacerdotes que impede a evangelização de muitas regiões, enviem, depois da devida preparação, alguns dos seus melhores sacerdotes que se ofereçam para as missões, para as dioceses mais carentes de clero, com o fim de exercerem aí o ministério missionário em espírito de serviço, pelo menos durante um tempo determinado.[21]

Mas, para que a atividade missionária dos bispos a bem de toda a Igreja se possa exercer mais eficazmente, convém que as Conferências episcopais tomem conta de

---

[20] Cf. Bento XV, Maximum illud: AAS (1919), 453-454; Pio XI, Rerum Ecclesiae: AAS (1926), 71-73; Pio XII, Evangelii Praecones: AAS (1951), 525-526; Id., Fidei Donum: AAS (1957), 241.

[21] Cf. Pio XII, Fidei Donum: AAS (1957), 245-246.

todos os assuntos que dizem respeito a uma ordenada cooperação da própria região.

Nas suas Conferências tratem os bispos dos sacerdotes do clero diocesano que devem dedicar à evangelização dos gentios; da contribuição fixa que cada diocese, em proporção com os seus recursos, deve oferecer todos os anos para a obra das missões;[22] da direção e organização dos modos e meios de ajudar diretamente as missões; do auxílio e, se for preciso, até da fundação de Institutos missionários e seminários do clero diocesano para as missões; do estreitamento dos laços entre estes Institutos e as dioceses.

Às Conferências episcopais pertence também fundar e promover instituições que fraternalmente recebam e ajudem, com o devido interesse pastoral, os que, por razões de estudo ou de trabalho, emigram das terras de missão. Por eles, com efeito, povos longínquos tornam-se de certo modo vizinhos, e às comunidades cristãs mais antigas oferece-se uma ótima ocasião de dialogar com nações que ainda não ouviram pregar o Evangelho e de lhes mostrar, no próprio exercício do amor e da ajuda, o genuíno rosto de Cristo.[23]

O dever missionário dos presbíteros

39. Os presbíteros representam a pessoa de Cristo e são cooperadores da ordem episcopal, na tríplice função sagrada que por sua natureza tem relação com a missão da Igreja.[24] Entendam, pois, muito bem que a sua vida foi consagrada também ao serviço das missões. Uma vez

---

[22] Decr. De pastorali Episcoporum munere, 6.

[23] Cf. Pio XII, Fidei Donum: AAS (1957), 245.

[24] Cf. Const. dogm. Lumen gentium, 28.

que pelo seu mesmo ministério — que consiste principalmente na eucaristia, que aperfeiçoa a Igreja — estão em comunhão com Cristo cabeça e trazem os outros a essa comunhão, não podem deixar de sentir quanto falta ainda para o pleno crescimento do corpo e quanto há que fazer, portanto, para que vá crescendo cada vez mais. Organizarão, pois, de tal maneira o trabalho pastoral que contribua para a dilatação do Evangelho entre os não cristãos.

Os presbíteros, no trabalho pastoral, despertarão e alimentarão entre os fiéis o zelo pela evangelização do mundo, instruindo-os com a catequese e a pregação do dever que a Igreja tem de anunciar Cristo aos gentios;

[1889], focada no apoio à formação do clero local das jovens Igrejas; a União Missionária [1916] que se propõe a suscitar um espírito missionário nos sacerdotes e seminaristas. As POM têm uma direção central em Roma, direções nacionais em todos os países e direções diocesanas nas dioceses. No Brasil temos apenas a direção nacional das POM, em Brasília, apesar do Direito Canônico e do Estatuto das POM contemplarem também a figura do diretor diocesano [cf. *CIC* 791, § 2]. O diretor das POM é único para as quatro obras, e conta com secretários para cada uma delas. Principal evento das POM é a articulação do mês missionário [outubro] e do Dia Mundial das Missões, que acontece no terceiro domingo de outubro. Nesse dia é realizada a coleta mundial para as missões, importante gesto de solidariedade de todas as comunidades católicas para com as Igrejas mais necessitadas. As ofertas recolhidas pelas POM constituem um *Fundo Universal de Solidariedade* promovido e coordenado pela obra da Propagação da Fé), capaz de suscitar gestos de solidariedade e de fraternidade além-fronteiras. Em primeiro lugar, oferecer "às missões alguns dentre os seus melhores padres": não os que sobram, mas os melhores.

persuadindo as famílias cristãs da necessidade e da honra de cultivar as vocações missionárias entre os próprios filhos e filhas; fomentando o fervor missionário entre os jovens das escolas e associações católicas, de maneira a saírem dentre eles futuros arautos do Evangelho. Ensinem os fiéis a orar pelas missões e não tenham vergonha de lhes pedir esmolas, feitos como que mendigos por Cristo pela salvação das almas.[25]

Os professores dos Seminários e Universidades elucidarão os alunos sobre a verdadeira situação do mundo e da Igreja, para que abram os olhos à necessidade duma evangelização mais intensa dos não cristãos e o seu zelo se acenda. E ao ensinar as questões dogmáticas, bíblicas, morais e históricas, chamem a atenção para os aspectos missionários nelas contidas, para desse modo se ir formando a consciência missionária dos futuros sacerdotes.

O dever missionário dos Institutos de perfeição

40. Os Institutos religiosos de vida contemplativa e ativa tiveram até agora e continuam a ter a maior parte na evangelização do mundo. Este sagrado Concílio reconhece de bom grado os seus méritos e dá graças a Deus

---

[25] Cf. Pio XII, Rerum Ecclesiae: AAS, (1926), 72.

Por tabela, essa paixão pela missão e essa responsabilidade com todas as Igrejas devem animar profundamente o ministério presbiteral (cf *AG* 39), os institutos religiosos de vida contemplativa e ativa — todos, não apenas os com carisma explicitamente missionário (cf. *AG* 40) — e a participação ativa dos leigos tanto na animação missionária, como também na ação missionária específica (cf. *AG* 41).

por tantos esforços prestados à causa da glória de Deus e do serviço das almas. E este mesmo Concílio exorta-os a prosseguir incansavelmente na obra começada, pois bem sabem que a virtude da caridade, que por vocação têm de cultivar com mais perfeição, impele e obriga a um espírito e a um trabalho verdadeiramente católico.[26]

Os Institutos de vida contemplativa, pelas suas orações, penitências e tribulações, têm uma importância singular na conversão das almas, visto que é Deus quem pelas nossas orações envia operários para a sua messe,[27] abre o espírito dos não cristãos para ouvir o Evangelho,[28] e fecunda nos seus corações a palavra da salvação.[29] Pede-se até a esses Institutos que fundem casas nas terras de missão, como já muitos fizeram, para que, levando aí uma vida acomodada às genuínas tradições religiosas dos povos, deem entre os não cristãos um testemunho brilhante tanto da majestade e da caridade de Deus como da sua união em Cristo.

Por seu lado, os Institutos de vida ativa, quer tenham um fim estritamente missionário quer não, examinem sinceramente diante de Deus se podem alargar mais a sua atividade em ordem à expansão do reino de Deus entre os gentios; se podem deixar a outros certos ministérios, para dedicar às missões as suas forças; se podem começar a ter atividades nas missões, adaptando, se for preciso, as suas Constituições, embora segundo a mente do fundador. Examinem também se os seus membros participam quanto podem na atividade missionária; e se o seu modo de vida

---

[26]   Cf. Const. dogm. Lumen Gentium, 44.

[27]   Cf. Mt 9,38.

[28]   Cf. At 16,14.

[29]   Cf. 1Cor 3,7.

é um testemunho do Evangelho adaptado à índole e às condições do povo que evangelizam.

Uma vez que, sob a inspiração do Espírito Santo, crescem de dia para dia na Igreja os Institutos seculares, a sua ajuda, sob a autoridade do Bispo, pode ser, a muitos títulos, proveitosa para as missões, como sinal de uma entrega plena à evangelização do mundo.

O dever missionário dos leigos

41. Os leigos colaboram na obra de evangelização da Igreja e participam da sua missão salvífica,[30] ao mesmo tempo como testemunhas e como instrumentos vivos, sobretudo se, depois de chamados por Deus, são aceitos pelos bispos para esta empresa.

Nas terras já cristãs, os leigos concorrem para a obra de evangelização, fomentando em si e nos outros o conhecimento e o amor pelas missões, suscitando vocações na própria família, nas associações católicas e nas escolas, oferecendo auxílios de toda espécie para que o dom da fé, que eles receberam de graça, possa ser também oferecido a outros.

Nas terras de missão, os leigos, quer estrangeiros quer nativos, exerçam o ensino nas escolas, administrem as coisas temporais, colaborem na atividade paroquial e diocesana, iniciem e promovam as várias formas de apostolado dos leigos, para que os fiéis das Igrejas jovens possam assumir quanto antes a sua parte na vida da Igreja.[31]

Finalmente, prestem os leigos, de bom grado, colaboração econômico-social aos povos em vias de

---

[30] Cf. ibid., 33, 35.

[31] Cf. Pio XII, Evangelii Praecones: AAS 1951, 510-514: João XXIII, Princeps Pastorum: AAS (1959), 851-852.

desenvolvimento; essa colaboração será tanto mais de louvar, quanto mais se relaciona com a criação daquelas instituições que atingem as estruturas fundamentais da vida social ou se ordenam à formação daqueles que têm responsabilidades de governo.

São dignos de particular louvor aqueles leigos que nas Universidades ou em Institutos científicos promovem, com as suas investigações históricas ou científico-religiosas, o conhecimento dos povos e das religiões, ajudando assim os pregadores do Evangelho e preparando o diálogo com os não cristãos.

Colaborem fraternalmente com os outros cristãos, com os não cristãos, sobretudo com os membros das organizações internacionais, tendo sempre diante dos olhos a preocupação de que "a edificação da cidade terrena se alicerce no Senhor e para ele se oriente".[32]

Para desempenhar todas estas funções, precisam os leigos da necessária preparação técnica e espiritual, que se deve dar em Institutos a isso destinados, para que a sua vida seja entre os não cristãos um testemunho de Cristo, segundo a palavra do apóstolo: "Não vos torneis ocasião de escândalo, nem para os judeus, nem para os gregos, nem para a Igreja de Deus, assim como eu mesmo me esforço por agradar a todos em todas as coisas, não procurando os meus interesses pessoais, mas os do maior número, a fim de que sejam salvos" (1Cor 10,32-33).

---

[32] Cf. Const. dogm. Lumen Gentium, 46.

Conclusão

42. Os Padres deste Concílio, em união com o Romano Pontífice, sentindo bem o encargo de difundir por toda parte o reino de Deus, saúdam muito afetuosamente todos os pregadores do Evangelho, sobretudo aqueles que sofrem perseguição pelo nome de Cristo, e associam-se aos seus sofrimentos.[1]

Também eles se sentem inflamados do mesmo amor com que Cristo ardia pelos homens. Mas, conscientes de que Deus é quem faz com que o seu reino venha ao mundo, unem as suas preces às de todos os cristãos para que, por intercessão da Virgem Maria, Rainha dos Apóstolos, as nações sejam quanto antes conduzidas ao conhecimento da verdade,[2] e a glória de Deus, que resplandece no rosto de Jesus Cristo, comece a brilhar para todos pelo Espírito Santo.[3]

---

[1] Cf. Pio XII, Evangelii Praecones: AAS (1951), 527; João XXIII, Princeps Pastorum: AAS (1959), 864.

[2] 1Tm 2,4.

[3] 2Cor 4,6.

Promulgação

Todo o conjunto e cada um dos pontos que foram enunciados neste Decreto agradaram aos Padres. E nós, pela autoridade apostólica por Cristo a nós confiada, juntamente com os veneráveis Padres, no Espírito Santo os aprovamos, decretamos, e estatuímos. Ainda ordenamos que o que foi determinado em Concílio seja promulgado para a glória de Deus.

Roma, junto a São Pedro,
no dia 7 de dezembro de 1965.

Eu, Paulo, Bispo da Igreja Católica
(Seguem-se as assinaturas dos Padres Conciliares)

Sumário

Introdução 5

1. A missão aos povos no Vaticano II 7

2. A missão aos povos e o caminho pós-conciliar 20

3. Conclusão 31

TEXTO E COMENTÁRIO

Proêmio 39

Capítulo I. Princípios doutrinais 42

Capítulo II. A obra missionária 82

Capítulo III. As Igrejas particulares 103

Capítulo IV. Os missionários 114

Capítulo V. A organização da atividade missionária 125

Capítulo VI. A cooperação 135

Conclusão 149

Promulgação 150

Impresso na gráfica da
Pia Sociedade Filhas de São Paulo
Via Raposo Tavares, km 19,145
05577-300 - São Paulo, SP - Brasil - 2012